Dzongsar Jamyang Khyentse

Weshalb Sie kein Buddhist sind

*Aus dem amerikanischen Englisch übersetzt
von Maike und Stephan Schuhmacher*

WINDPFERD

Titel der amerikanischen Originalausgabe *What makes you not a Buddhist*
Erschienen bei *Shambhala Publications, Inc, P. O. Box 308, Boston, MA., 02117*
© 2007 by Dzongzar Jamyang Khyentse
*Aus dem amerikanischen Englisch übersetzt
von Maike und Stephan Schuhmacher*

Windpferd Taschenbuch
85638

4. Auflage November 2010

Vollständige Taschenbuchausgabe
der im Windpferd Verlag, Edition schneelöwe,
erschienenen Erstausgabe
Weshalb Sie (k)ein Buddhist sind

WINDPFERD**TB** ist ein Imprint der
Windpferd Verlagsgesellschaft mbH

© 2007 Windpferd Verlagsgesellschaft mbH, Oberstdorf
Alle Rechte vorbehalten
Umschlaggestaltung: Kuhn Communication Design, Amden (CH)
unter Verwendung einer Illustration von Frank Keller, Waldshut
Layout: Marx Grafik & ArtWork GbR
Lektorat: Doris Wolter und Anja Quathamer
Gesetzt aus der Adobe Garamond
Druck: Himmer AG, Augsburg

Printed in Germany
ISBN 978-3-89385-638-1

www.windpferd.de

Für den Sohn von Suddhodana,
den Prinzen aus Indien,
ohne den ich noch immer nicht wüsste,
dass ich ein Wanderer bin.

Inhalt

Einführung 7

1
Die Vergänglichkeit alles Zusammengesetzten 15

2
Gefühle sind Leiden 47

3
Alles ist Leerheit 73

4
Nirvâna – jenseits von Vorstellungen 105

Fazit 133

Postskriptum zur Übersetzung der Begriffe 155

Danksagung 158

Der Autor 160

Einführung

Einmal bekam ich auf einem transatlantischen Flug einen Mittelsitz im Mittelblock, und der wohlwollende Herr neben mir bemühte sich freundlich zu sein. Er hatte aus meinem geschorenen Kopf und meiner braunen Robe geschlossen, dass ich Buddhist sei. Als das Essen serviert wurde, bot er rücksichtsvoll an, mir ein vegetarisches Gericht zu bestellen. Er nahm an, dass ich als Buddhist kein Fleisch esse. Das war der Anfang unseres Gesprächs. Der Flug war lang, und um unsere Langeweile zu vertreiben, sprachen wir über Buddhismus.

Mit der Zeit ist mir klar geworden, dass die Leute Buddhismus und Buddhisten oft mit Frieden, Meditation und Gewaltlosigkeit assoziieren. Und viele glauben tatsächlich, ein safranfarbenes oder rotbraunes Gewand und ein friedvolles Lächeln machten jemanden bereits zum Buddhisten. Als fanatischer Buddhist sollte ich auf diesen Ruf stolz sein, insbesondere auf den Aspekt der Gewaltlosigkeit, der in diesem Zeitalter des Krieges und der Gewalt – besonders der religiösen Gewalt – so selten ist. In der gesamten Geschichte der Menschheit scheint Religion Brutalität erzeugt zu haben. Selbst heutzutage dominiert religiös begründete extremistische Gewalt die Nachrichten. Doch ich glaube mit Fug und Recht sagen zu können, dass wir Buddhisten uns in dieser Hinsicht bislang keine Schande gemacht haben. Gewalt hat in der Verbreitung des Buddhismus niemals eine Rolle gespielt. Als geschulter Buddhist bin ich jedoch auch nicht ganz einverstanden, wenn der Buddhismus mit nichts anderem als mit Vegetarismus, Gewaltlosigkeit, Frieden und Meditation in Verbindung gebracht wird. Prinz Siddhârtha, der alle Annehmlichkeiten und allen Luxus des Palastlebens opferte, muss nach mehr als nach Passivität und Grünzeug gesucht haben, als er sich aufmachte, Erleuchtung zu finden.

Auch wenn er in seiner Essenz recht einfach ist, lässt sich der Buddhismus doch nicht so leicht erklären. Er ist von einer fast unbegreiflichen Komplexität, Weite und Tiefe. Und obwohl er weder religiös noch theistisch ist, ist es schwer, ihn zu präsentieren, ohne sich theoretisch und religiös anzuhören. Während der Buddhismus sich in verschiedene Regionen der Welt ausbreitete, nahm er die kulturellen Charakteristika dieser Gegenden an, und das macht es noch schwieriger, ihn zu entschlüsseln. Theistisches Drum und Dran wie Räucherwerk, Glöckchen und bunte Hüte zieht die Aufmerksamkeit der Menschen auf sich, kann aber gleichzeitig auch ein Hindernis sein. Die Leute glauben dann letztlich, dies alles mache den Buddhismus aus, und werden von seiner Essenz abgelenkt.

Zum Teil aus Frustration darüber, dass die Lehren Siddhârthas für meinen Geschmack nicht genug ankommen, manchmal aber auch aus eigenem Ehrgeiz, trage ich mich mit dem Gedanken, den Buddhismus zu reformieren, ihn einfacher – unkomplizierter und puritanischer – zu machen. Es ist abwegig und unangebracht sich auszumalen (und ich tue das manchmal), den Buddhismus auf genau definierte, berechnete Praktiken zu reduzieren, wie zum Beispiel dreimal am Tag zu meditieren, sich an eine bestimmte Kleiderordnung zu halten und bestimmten ideologischen Glaubenssätzen anzuhängen, wie etwa dem, dass die ganze Welt zum Buddhismus konvertiert werden müsse. Wenn wir versprechen könnten, dass solche Praktiken zu sofortigen und fassbaren Ergebnissen führten, gäbe es wahrscheinlich mehr Buddhisten in der Welt. Doch wenn ich mich von diesen Fantasien erhole (was ich selten tue), warnt mich mein nüchterner Verstand, dass eine Welt voller Menschen, die sich „Buddhisten" nennen, nicht unbedingt eine bessere Welt wäre.

Viele Menschen glauben fälschlicherweise, Buddha sei der „Gott" des Buddhismus; sogar einige Leute in allgemein als buddhistisch angesehenen Ländern wie Korea, Japan und Bhutan verstehen den

Buddha und den Buddhismus auf diese theistische Weise. Darum verwenden wir in diesem Buch die Namen Siddhârtha und Buddha im Wechsel, um daran zu erinnern, dass der Buddha einfach ein Mensch war und dieser Mensch zu einem Buddha wurde.

Es ist verständlich, wenn einige Menschen denken, Buddhisten wären die Anhänger dieses Mannes namens Buddha. Doch der Buddha selbst hat betont, man solle nicht eine Person verehren, sondern vielmehr die Weisheit, die diese Person lehre. Gleichermaßen gilt es als selbstverständlich, dass Reinkarnation und Karma die wesentlichsten Glaubensgrundsätze des Buddhismus darstellen. Es gibt noch zahlreiche andere grobe Missverständnisse. So wird der tibetische Buddhismus manchmal „Lamaismus" genannt, und Zen wird in manchen Fällen nicht einmal als Buddhismus angesehen. Aber auch Menschen, die zwar ein wenig besser informiert, doch noch immer auf Irrwegen sind, benutzen Wörter wie „Leerheit" und Nirvâna, ohne ihre Bedeutung zu verstehen.

Wenn sich eine solche Unterhaltung entspinnt wie die mit meinem Sitznachbarn im Flugzeug, könnte ein Nicht-Buddhist einmal ganz unschuldig fragen: „Was macht denn jemanden zu einem Buddhisten?" Das ist die am schwersten zu beantwortende Frage. Sollte dieser Mensch ein echtes Interesse haben, so lässt sich die ganze Antwort nicht mal eben während einer Konversation beim Abendessen geben, und Verallgemeinerungen können leicht zu Missverständnissen führen.

Nehmen wir einmal an, Sie wollten die wahre Antwort geben, eine Antwort, die direkt auf die Grundlage dieser 2500 Jahre alten Tradition verweist, dann müsste sie folgendermaßen lauten:

Jemand ist ein Buddhist, wenn er oder sie die folgenden vier Wahrheiten akzeptiert:

Alle zusammengesetzten Dinge sind vergänglich.
Alle Gefühle sind Schmerz.
Alle Dinge haben keine eigenständige Existenz.
Nirvâna ist jenseits von Konzepten.

Diese vier Aussagen, die vom Buddha selbst stammen, sind als die „Vier Siegel" bekannt. Ein Siegel bezeichnet nach traditionellem Verständnis ein Kennzeichen, das die Authentizität von etwas bestätigt. Der Einfachheit und des Leseflusses halber werden wir diese Aussagen hier sowohl als Siegel wie auch als „Wahrheiten" bezeichnen. Sie sollten allerdings nicht mit den „Vier Edlen Wahrheiten" des Buddhismus verwechselt werden, die ausschließlich Aspekte des Leidens betreffen. Obgleich es heißt, dass die vier Siegel den ganzen Buddhismus umspannen, scheinen die Leute nichts von ihnen wissen zu wollen. Ohne weitere Erläuterung dienen sie offenbar lediglich dazu, die Begeisterung für das Thema zu dämpfen, und in vielen Fällen scheinen sie jegliches weitere Interesse abzuwürgen. Das Gesprächsthema wird gewechselt, und das ist dann das Ende vom Lied.

Die Botschaft der vier Siegel sollte jedoch wörtlich verstanden werden, nicht metaphorisch oder mystisch – und sie sollte ernst genommen werden. Die Siegel sind allerdings keine Erlasse oder Gebote. Durch ein wenig Kontemplation wird klar, dass sie nichts Moralistisches oder Rituelles haben. Es ist weder von gutem noch von bösem Verhalten die Rede. Es handelt sich um weltliche Wahrheiten, die sich auf Weisheit gründen, und Weisheit ist das, was Buddhisten am meisten interessiert. Moral und Ethik sind eher zweitrangig. Ein paar Züge an einer Zigarette und ein wenig Unsinn bedeuten noch nicht, dass dieser Mensch kein Buddhist werden kann. Das heißt aber auch nicht, dass wir die Lizenz dazu hätten, boshaft oder unmoralisch zu sein.

Ganz allgemein gesagt, stammt Weisheit aus einem Geist, der das besitzt, was die Buddhisten die „rechte Sicht" nennen. Allerdings muss jemand, der die rechte Sicht besitzt, sich nicht unbedingt für einen Buddhisten halten. Letztlich ist es diese Sichtweise, die unsere Motivation und unser Handeln bestimmt. Es ist die Sicht, die uns auf dem buddhistischen Pfad leitet. Wenn wir zusätzlich zu den vier Siegeln noch ein heilsames Verhalten annehmen können, macht uns das sogar zu noch besseren Buddhisten. Was aber macht, dass Sie *kein* Buddhist sind?

Wenn Sie nicht akzeptieren können, dass alle zusammengesetzten oder hergestellten Dinge vergänglich sind, und wenn Sie glauben, es gäbe eine essenzielle Substanz oder ein Konzept, die dauerhaft wären, dann sind Sie kein Buddhist.

Wenn Sie nicht annehmen können, dass alle Gefühle Schmerz sind, und wenn Sie glauben, dass einige Gefühle tatsächlich reines Vergnügen sind, dann sind Sie kein Buddhist.

Wenn Sie nicht akzeptieren können, dass alle Phänomene illusorisch und leer sind, und wenn Sie glauben, dass bestimmte Dinge eigenständig existieren, dann sind Sie kein Buddhist.

Und wenn Sie glauben, dass Erleuchtung innerhalb der Sphären von Zeit, Raum und Kraft oder Energie existiert, dann sind Sie kein Buddhist.

Was macht Sie also zum Buddhisten? Vielleicht sind Sie nicht in einem buddhistischen Land oder in eine buddhistische Familie geboren worden, vielleicht tragen Sie keine Roben oder rasieren sich nicht den Kopf, vielleicht essen Sie sogar Fleisch und sind ein Fan von Eminem und Paris Hilton. All das bedeutet nicht, dass Sie kein Buddhist sein können. Um ein Buddhist zu sein, muss man akzeptieren, dass alle zusammengesetzten Phänomene vergänglich und alle Gefühle Schmerz sind, dass kein Ding eigenständige Existenz besitzt und dass Erleuchtung jenseits von Konzepten ist.

Es ist nicht notwendig, sich ständig und unentwegt dieser vier Wahrheiten bewusst zu sein. Doch sie müssen in Ihrem Geist zu Hause sein. Sie laufen ja auch nicht herum und denken ständig an Ihren eigenen Namen, aber wenn jemand Sie danach fragt, erinnern Sie sich augenblicklich. Da gibt es keinen Zweifel!

Jeden, der diese vier Siegel annehmen kann – selbst unabhängig von Buddhas Lehren und auch dann, wenn er oder sie niemals zuvor den Namen Shâkyamuni Buddha gehört haben mag –, kann man als einen Menschen betrachten, der sich auf demselben Weg befindet wie der Buddha.

Als ich dem Mann neben mir im Flugzeug all dies zu erklären suchte, hörte ich auf einmal ein leichtes Schnarchen und begriff, dass er tief schlief. Offenbar hatte unsere Unterhaltung seine Langeweile doch nicht vertreiben können.

Ich mag Verallgemeinerungen, und wenn Sie dieses Buch lesen, werden Sie ein Meer an Verallgemeinerungen finden. Aber ich rechtfertige dies vor mir selbst, indem ich mir sage, dass wir Menschen abgesehen von Verallgemeinerungen nicht viele Möglichkeiten zur Kommunikation haben. Natürlich ist auch das eine Verallgemeinerung.

Als ich dieses Buch schrieb, tat ich das nicht mit dem Ziel, Menschen dazu zu bewegen, Shâkyamuni Buddha zu folgen, Buddhist zu werden und den Dharma zu praktizieren. Ich erwähne bewusst keine Meditationstechniken, Übungen oder Mantras. Meine vorrangige Absicht besteht darin, das Einzigartige am Buddhismus zu zeigen, das ihn von anderen Sichtweisen unterscheidet. Was hat dieser indische Prinz gesagt, das ihm so viel Respekt und Bewunderung selbst von solch skeptischen modernen Wissenschaftlern wie Albert Einstein eingebracht hat? Was hat er gesagt, das Tausende von Pilgern bewegt hat, die ganze Strecke von Tibet bis nach Bodh-Gâyâ mit Niederwerfungen abzumessen? Was unterscheidet den Buddhismus von den Religionen dieser Welt? Ich meine, es läuft auf die vier Siegel hinaus, und ich habe in diesem Buch versucht, diese schwierigen Konzepte so einfach darzulegen, wie es mir nur möglich war.

Siddhârthas vorrangiges Anliegen war es, zur Wurzel des Problems vorzudringen. Der Buddhismus hat keine kulturelle Bindung. Sein Nutzen ist nicht auf eine bestimmte Gesellschaftsform begrenzt, er hat keinen Platz in der Regierung oder in der Politik.

Siddhârtha war nicht an akademischen Abhandlungen und wissenschaftlich beweisbaren Theorien interessiert. Ob die Erde nun flach oder rund ist, hatte für ihn keinerlei Bedeutung. Er hatte eine andere Art von praktischer Veranlagung. Er wollte dem Leiden auf den Grund gehen. Ich hoffe zeigen zu können, dass seine Lehren keine grandiose intellektuelle Philosophie sind, die man liest und dann *ad acta* legt, sondern eine zweckmäßige, logische Sichtweise, die von jedem einzelnen Menschen praktiziert werden kann. Dazu habe ich versucht, Beispiele aus allen Lebensbereichen zu verwenden – von romantischer Schwärmerei bis hin zur Entstehung der Zivilisation, wie wir sie kennen. Die Beispiele unterscheiden sich von jenen, die Siddhârtha benutzte, die Botschaft jedoch ist dieselbe, denn alles, was Siddhârtha sagte, ist auch in dieser modernen Welt noch gültig.

Aber Siddhârtha sagte auch, man solle nicht einfach an seine Worte glauben, ohne sie genauer untersucht zu haben. Daher müssen natürlich auch die Aussagen von jemandem, der so gewöhnlich ist wie ich, hinterfragt werden, und ich lade Sie ein, das, was Sie in diesem Buch lesen, genau zu untersuchen.

1
Die Vergänglichkeit alles Zusammengesetzten

Der Buddha war kein himmlisches Wesen. Er war ein einfacher Mensch. So einfach allerdings nun auch wieder nicht, denn er war ein Prinz. Er wurde Siddhârtha Gautama genannt und erfreute sich eines privilegierten Lebens – er hatte einen schönen Palast in Kapilavastu, eine liebende Ehefrau und einen Sohn, bewundernde Eltern, loyale Untertanen, üppige Gärten mit Pfauen und unzählige mit allen Reizen ausgestattete Kurtisanen. Sein Vater Suddhodana sorgte dafür, dass es ihm an nichts mangelte und ihm jeder Wunsch innerhalb der Palastmauern erfüllt wurde. Als nämlich Siddhârtha noch ein Baby war, hatte ein Astrologe vorausgesagt, der Prinz würde in seinem späteren Leben möglicherweise den Pfad eines Einsiedlers wählen. Suddhodana wollte alles dafür tun, dass Siddhârtha ihm auf den Thron folgte. Das Palastleben war luxuriös, behütet und auch recht friedlich. Siddhârtha stritt sich nie mit den Mitgliedern seiner Familie, denn ihm lag viel an ihnen, und er umsorgte und liebte sie sehr. Zu allen hatte er ein gutes Verhältnis, abgesehen von gelegentlichen Spannungen mit einem seiner Cousins.

Als Siddhârtha älter wurde, wollte er mehr über sein Land und die Welt jenseits der Palastmauern wissen. Der König beugte sich den Bitten seines Sohnes und gestattete ihm, einen Ausflug jenseits der Mauern zu machen. Er gab dem Wagenlenker Channa allerdings strikte Anweisungen, der Prinz dürfe dort draußen nur Schönes und Wohlgefälliges zu Gesicht bekommen. Siddhârtha genoss tatsächlich die Schönheit der Berge und Flüsse und allen natürlichen Reichtum dieser Erde. Doch auf dem Heimweg begegneten die beiden einem Bauern, der von einer Krankheit gepeinigt am Straßenrand saß und vor Schmerzen stöhnte. Sein Leben lang war Siddhârtha von strammen Leibwächtern und gesunden Hofdamen umgeben gewesen; das Stöhnen und der Anblick eines von einer Krankheit ausgemergelten Körpers schockierten ihn. Zu sehen, wie verletzlich der menschliche Körper ist, hinterließ einen tiefen Eindruck bei ihm, und er kehrte mit schwerem Herzen zum Palast zurück.

Nach einiger Zeit schien der Prinz sich wieder erholt zu haben, aber er sehnte sich danach, einen weiteren Ausflug zu unternehmen. Erneut gab Suddhodana widerstrebend nach. Dieses Mal sah Siddhârtha ein zahnloses altes Weib dahinhumpeln, und sofort befahl er Channa anzuhalten.

Er fragte den Wagenlenker: „Warum geht diese Frau so seltsam?"

„Sie ist alt, mein Herr", sagte Channa.

„Was ist alt?", fragte Siddhârtha.

„Die Elemente ihres Körpers sind über lange Zeit beansprucht und abgenutzt worden", sagte Channa. Von diesem Anblick erschüttert, ließ sich Siddhârtha rasch wieder nach Hause fahren.

Nun war Siddhârthas Neugier nicht mehr zu zügeln – was gab es wohl noch dort draußen zu sehen? Und so machte er mit Channa einen dritten Ausflug. Wieder genoss er die Schönheit der Gegend, die Berge und die Flüsse. Doch als sie nach Hause zurückfuhren, trafen sie auf vier Leichenträger, die einen leblos auf einer Bahre dahingestreckten Körper trugen. Noch niemals in seinem Leben hatte Siddhârtha so etwas gesehen. Channa erklärte ihm, dass der gebrechliche Körper in der Tat tot sei.

Siddhârtha fragte: „Wird der Tod auch zu anderen kommen?"

Channa antwortete: „Ja, mein Herr, er kommt zu allen."

„Auch zu meinem Vater? Und sogar zu meinem Sohn?"

„Ja, zu jedem. Ob man arm oder reich ist, einer hohen oder einer niederen Kaste angehört, man kann dem Tod nicht entkommen. Das ist das Los aller, die auf dieser Erde geboren werden."

Wenn man die Geschichte von Siddhârthas allmählichem Begreifen zum ersten Mal hört, könnte man meinen, er sei bemerkenswert naiv gewesen. Es scheint befremdlich, von einem Prinzen zu hören, der dazu erzogen wurde, ein ganzes Königreich zu führen, und der doch solch simple Fragen stellte. Doch *wir* sind diejenigen, die naiv sind. Im heutigen Informationszeitalter sind wir von Bildern des Verfalls und Todes umgeben – Enthauptungen, Stierkampf, blutige Morde. Weit davon entfernt, uns an unser eigenes Los zu gemahnen, werden diese Bilder zur Unterhaltung und für Geschäftemacherei genutzt. Der Tod ist ein Konsumprodukt geworden. Die meisten von uns kontemplieren die Natur des Todes nicht auf einer tiefen Ebene. Wir erkennen nicht an, dass unser Körper und unsere Umgebung aus instabilen Elementen zusammengesetzt sind, die schon bei der leisesten Störung auseinanderfallen können. Natürlich wissen wir, dass wir eines Tages sterben werden. Doch die meisten von uns glauben – wenn nicht gerade eine unheilbare Krankheit bei ihnen diagnostiziert wurde –, sie bräuchten sich im Moment keine Sorgen zu machen. Wenn wir, selten genug, überhaupt einmal an den Tod denken, fragen wir uns: *Wie viel werde ich wohl erben?* oder: *Wo werden sie meine Asche verstreuen?* In dieser Hinsicht sind wir es, die arglos sind.

Nach seinem dritten Ausflug war Siddhârtha zutiefst entmutigt wegen seiner Machtlosigkeit, seine Untertanen, seine Eltern und vor allem seine geliebte Frau Yashodhara und seinen Sohn Rahula vor dem unvermeidlichen Tod zu bewahren. Er verfügte zwar über die Mittel, solches Ungemach wie Armut, Hunger und Obdachlosigkeit zu verhindern, aber er konnte sie nicht vor dem Altern und dem Tod bewahren. Da diese Gedanken ihn nicht mehr losließen, versuchte er mit seinem Vater über Sterblichkeit zu sprechen. Der König war verständlicherweise verwundert, dass der Prinz sich so sehr mit etwas beschäftigte, das er für ein theoretisches Dilemma hielt. Außerdem war Suddhodana zunehmend beunruhigt, dass sein Sohn die Prophezeiung erfüllen und den Weg des Asketen wählen könnte, anstatt seinen Platz als rechtmäßiger Erbe des Königreichs einzunehmen. In jenen Tagen war es für privilegierte und wohlhabende Hindus durchaus nichts Ungewöhnliches, Asket zu werden. Äußerlich versuchte Suddhodana, Siddhârthas Fixierung abzutun, aber er hatte die Prophezeiung nicht vergessen.

Für Siddhârtha waren dies keine müßigen melancholischen Betrachtungen – er war geradezu davon besessen. Um den Prinzen davon abzuhalten, noch tiefer in Depression zu versinken, befahl Suddhodana ihm, den Palast nicht mehr zu verlassen, und instruierte die königlichen Wachen insgeheim, ein Auge auf seinen Sohn zu haben. In der Zwischenzeit tat er – wie jeder besorgte Vater – alles ihm Mögliche, um Abhilfe zu schaffen, indem er sicherstellte, dass der Prinz keine weiteren Anzeichen von Verfall und Tod zu Gesicht bekam.

Babyrasseln und andere Ablenkungen

In vielerlei Hinsicht sind wir alle wie Suddhodana. In unserem alltäglichen Leben neigen wir dazu, uns und anderen die Wahrheit zu ersparen. Wir schotten uns gegen alle Anzeichen von Verfall ab. Wir machen uns selber Mut, indem wir „darauf nicht weiter eingehen" und positive Affirmationen benutzen. Wir feiern unsere Geburtstage, indem wir Kerzen auspusten und die Tatsache ignorieren, dass man die ausgeblasenen Kerzen auch als eine Erinnerung daran ansehen könnte, dass wir dem Tod wieder ein Jahr näher gekommen sind. Wir feiern das neue Jahr mit Feuerwerk und Champagner und lenken uns so davon ab, dass das alte Jahr niemals zurückkehren wird und das neue Jahr voller Ungewissheit ist – alles Mögliche kann geschehen.

Wenn dieses „alles Mögliche" unangenehm ist, lenken wir unsere Aufmerksamkeit bewusst ab, wie eine Mutter ein Kind mit Rasseln und Spielzeug ablenkt. Wenn wir uns niedergeschlagen fühlen, gehen wir einkaufen, wir „gönnen uns etwas" oder gehen ins Kino. Wir bauen Luftschlösser und träumen davon, unser Leben mit irgendwelchen Errungenschaften zu krönen – Strandhäuser, Medaillen und Trophäen, Frührentnerdasein, schicke Autos, gute Freunde und Familie, Ruhm, ins *Guinness-Buch der Rekorde* kommen. Später im Leben wünschen wir uns einen hingebungsvollen Partner oder eine Partnerin, mit dem oder mit der wir eine Kreuzfahrt machen oder reinrassige Pudel züchten können. Zeitschriften und Fernsehen verbreiten und verstärken solche Modelle von Glück und Erfolg und erfinden ständig neue Illusionen, um uns zu ködern. Diese Vorstellungen von Erfolg sind unsere Babyrasseln für Erwachsene. Kaum etwas vom dem, was wir im Laufe eines Tages tun – sowohl in unseren Gedanken als auch in unseren Handlungen –, weist darauf hin, dass wir uns der Zerbrechlichkeit des Lebens bewusst sind. Wir verbringen unsere Zeit damit, Dinge zu tun, die nicht anders sind, als würden wir in einem Multiplex-Kino auf den Anfang eines schlechten Films warten. Oder wir düsen nach Hause, um die Reality-Show nicht zu verpassen. Während wir dasitzen, uns Werbung ansehen und warten … verrinnt unsere Lebenszeit.

Ein kurzer Blick auf Altern und Tod genügte, um in Siddhârtha den Wunsch zu wecken, der ganzen Wahrheit ausgesetzt zu werden. Nach seinem dritten Ausflug versuchte er mehrfach, den Palast auf eigene Faust zu verlassen, doch immer vergeblich. Dann, in einer außergewöhnlichen Nacht, nach den üblichen Festivitäten und Lustbarkeiten, erfasste ein mysteriöser Zauber den ganzen Hof, der alle außer Siddhârtha überwältigte. Er wandelte durch die Hallen und stellte fest, dass alle, von König Suddhodana bis hin zum niedersten Diener, in tiefen Schlaf gefallen waren. Die Buddhisten glauben, dass diese kollektive Schläfrigkeit auf die gemeinsamen Verdienste aller Menschen zurückzuführen war, denn sie war das auslösende Ereignis, welches dazu führte, dass ein großes Wesen entstehen konnte.

Ohne die Notwendigkeit, der königlichen Familie gefallen zu müssen, schnarchten die Kurtisanen mit offenen Mündern, ihre

Gliedmaßen kreuz und quer ausgestreckt, ihre mit Ringen geschmückten Finger waren in die vor ihnen stehenden Speisen gerutscht. Wie zerdrückte Blumen hatten sie ihre Schönheit verloren. Siddhârtha beeilte sich nicht etwa, wieder Ordnung zu schaffen, wie wir es wohl getan hätten – dieser Anblick stärkte nur noch seine Entschlossenheit. Der Verlust ihrer Schönheit war für ihn einfach ein weiterer Beweis der Vergänglichkeit. Während der ganze Hofstaat schlummerte, konnte der Prinz sich endlich unbeobachtet davonmachen. Mit einem letzten Blick auf Yashodhara und Rahula schlich er in die Nacht hinaus.

In vielerlei Hinsicht sind wir wie Siddhârtha. Auch wenn wir keine Prinzen mit Pfauen sind, haben wir doch Karrieren und Hauskatzen und zahllose Verpflichtungen. Wir haben unsere eigenen Paläste – Einzimmerwohnungen in den Slums, Doppelhaushälften in den Vorstädten oder Penthouse-Appartements in Paris – und unsere eigenen Yashodharas und Rahulas. Und die Dinge gehen ständig schief. Geräte gehen kaputt, die Nachbarn machen Ärger, das Dach leckt. Unsere Lieben sterben, oder vielleicht sehen sie zumindest so aus, bevor sie morgens aufwachen: die Wangen so schlaff wie die von Siddhârthas Kurtisanen. Vielleicht riechen sie nach kaltem Zigarettenrauch oder der Knoblauchsauce vom Vorabend. Sie nerven uns und kauen mit offenem Mund. Doch wir sitzen hier freiwillig fest und versuchen nicht etwa zu entfliehen. Vielleicht haben wir ja auch die Nase voll und denken: *Jetzt reicht's!* Also brechen wir die Beziehung ab – doch nur, um mit einer anderen Person alles wieder von vorn anzufangen. Wir werden dieses Kreislaufs niemals überdrüssig, weil wir in der Hoffnung und dem Glauben leben, der perfekte Seelenpartner oder ein makelloses Shangri-la warteten da draußen auf uns. Wenn wir mit den täglichen Ärgernissen konfrontiert sind, denken wir automatisch, dass wir das schon wieder geradebiegen können: Alles ist irgendwie hinzukriegen, die Zähne kann man putzen und wir können uns vollkommen fühlen.

Vielleicht glauben wir ja auch, eines Tages würden wir nach allen Lektionen, die das Leben uns erteilt hat, zu vollkommener Reife gelangen. Wir erwarten, wissende alte Weise wie Yoda zu sein, ohne zu begreifen, dass Reife nur ein anderer Aspekt von Verfall ist. Ohne uns dessen bewusst zu sein, lassen wir uns von der Erwartung verführen, wir könnten eines Tages ein Stadium erreichen, in dem wir niemals mehr irgendetwas in Ordnung bringen müssen. Eines Tages werden wir das „Und wenn sie nicht gestorben sind, dann leben sie noch heute" glücklich erreichen. Wir sind von der Vorstellung von „Lösungen" überzeugt. Es ist so, als sei alles, was wir bislang erfahren haben – unser ganzes Leben bis zu diesem Augenblick – nur eine Kostümprobe gewesen. Wir glauben, unser großer Auftritt komme erst noch, und deshalb leben wir nicht für den heutigen Tag.

Die meisten Menschen glauben, dieses endlose Managen, Neuordnen und Aktualisieren sei das, was das „Leben" nun einmal ausmache. In Wirklichkeit warten wir darauf, dass das Leben endlich einmal *anfängt*. Wenn man nachbohrt, geben die meisten von uns zu, dass sie auf einen zukünftigen Augenblick der Vollkommenheit hinarbeiten – den Ruhestand in einem Landhaus auf einer griechischen Insel oder in einem Bungalow an einem Strand in Thailand. Oder vielleicht träumen wir auch davon, unseren Lebensabend in der idealisierten Berglandschaft einer chinesischen Tuschmalerei zu verbringen – still in einem Teehaus meditierend mit Blick auf einen Wasserfall und einen Teich mit Goldfischen.

Außerdem neigen wir dazu zu glauben, nach unserem Tode würde die Welt weiter bestehen wie bisher. Dieselbe Sonne wird scheinen und dieselben Planeten werden kreisen, so wie sie es nach unserem Glauben seit Anbeginn der Zeit getan haben. Unsere Kinder werden die Erde erben. Das zeigt, wie wenig wir über die dauernden Wandlungen der Welt und all ihrer Phänomene wissen. Kinder überleben nicht immer ihre Eltern, und solange sie am Leben sind, entsprechen sie nicht immer unseren Vorstellungen. Ihre süßen wohlerzogenen Kinder können zu Kokain schnupfenden

Rowdys werden, die alle möglichen Liebhaber mit nach Hause bringen. Die bravsten heterosexuellen Eltern können die extravagantesten Homosexuellen hervorbringen, genauso wie die Kinder der lockersten Hippies sich als neokonservative Spießer entpuppen können. Dennoch halten wir am Archetyp der Familie und dem Traum fest, unsere Blutlinie und Gesichtsform, unser Nachname und die Familientradition würden von unseren Sprösslingen weitergetragen werden.

Der Wahrheitssucher wird leicht zum Bürgerschreck

Es ist wichtig zu erkennen, dass der Prinz Siddhârtha sich nicht seinen häuslichen Pflichten entzogen hat. Er verweigerte nicht den Wehrdienst, um in einer Landkommune biodynamischen Ackerbau zu praktizieren oder um einem romantischen Traum zu folgen. Er verließ sein Heim mit der Entschlossenheit eines Ehemannes, der seine Bequemlichkeit opfert, um notwendige und wertvolle Vorsorge für seine Familie zu treffen, auch wenn diese es vielleicht nicht so sehen mochte. Wir können uns den Kummer und die Enttäuschung Suddhodanas am nächsten Morgen nur allzu gut vorstellen. Es war die gleiche Enttäuschung wie die von modernen Eltern, die entdecken, dass ihre Teenager nach Kathmandu oder Ibiza abgehauen sind, um irgendeiner idealistischen Vision von Utopia nachzujagen, wie die Blumenkinder der 60er-Jahre (von denen viele ebenfalls aus bequemem, reichem Hause stammten). Anstatt Schlaghosen, Piercings, lila gefärbtes Haar und Tattoos zu tragen, rebellierte Siddhârtha, indem er sich seines königlichen Aufputzes entledigte. Nachdem er diese Gegenstände weggeworfen hatte, die ihn als gebildeten Aristokraten auswiesen, kleidete er sich in Lumpen und wurde zu einem wandernden Bettelmönch.

Unsere Gesellschaft, die so daran gewöhnt ist, Leute nach dem zu beurteilen, was sie haben, anstatt danach, was sie sind, hätte von Siddhârtha erwartet, in seinem Palast zu bleiben, sein privilegiertes

Leben zu führen und die Tradition seiner Familie fortzuführen. Das Erfolgsmodell schlechthin ist in unserer Welt Bill Gates. Nur selten denken wir im Zusammenhang mit Erfolg an Gandhi. In gewissen asiatischen wie auch in westlichen Gesellschaften setzen die Eltern ihre Kinder weit mehr unter Druck, Erfolg in der Schule zu haben, als ihrer Gesundheit zuträglich ist. Die Kinder brauchen gute Noten, damit sie von den Eliteuniversitäten angenommen werden, und sie brauchen Abschlüsse dieser Eliteuniversitäten, damit sie einen hochdotierten Job in der Bank bekommen. Und das nur, damit die Familie ihre ewige Dynastie fortsetzen kann.

Stellen Sie sich vor, Ihr Sohn gäbe plötzlich seine glänzende und lukrative Karriere auf, nachdem er sich des Todes und des Alterns bewusst geworden ist. Er sähe plötzlich keinen Sinn mehr darin, vierzehn Stunden am Tag zu arbeiten, seinem Chef in den Hintern zu kriechen, seine Konkurrenten fertigzumachen, die Umwelt zu zerstören, zur Kinderarbeit beizutragen und in ständiger Anspannung zu leben, nur um wenige Wochen Ferien im Jahr zu haben. Er sagte Ihnen, er wolle seine Wertpapiere verkaufen, alles an ein Waisenhaus spenden und ein Vagabund werden. Was würden Sie tun? Ihm Ihren Segen geben und sich vor Ihren Freunden brüsten, dass Ihr Sohn endlich zur Vernunft gekommen sei? Oder würden Sie ihm vorwerfen, er verhielte sich äußerst unverantwortlich, und würden ihn zu einem Psychiater schicken?

Reine Aversion gegenüber Altern und Tod waren nicht Grund genug für den Prinzen, dem Palastleben den Rücken zu kehren und ins Unbekannte hinauszugehen. Siddhârtha sah sich dazu veranlasst, solch drastische Maßnahmen zu ergreifen, weil er sich einfach nicht mit der Tatsache abfinden konnte, dass dies das Los aller Wesen sei, die jemals geboren wurden und jemals geboren werden. Wenn alles, was geboren wird, zerfallen und sterben muss, dann waren alle Pfauen im Garten, die Juwelen, der Thronhimmel, das Räucherwerk und die Musik, die goldene Ablage für seine Pantoffeln, die importierten Karaffen, sein Bund mit Yashodhara und Rahula, seine Familie und sein Land im Grunde bedeutungslos. Was war der Sinn von alledem? Warum sollte jemand mit einem klaren Verstand wegen etwas Tränen vergießen, von dem er weiß, dass es sich schließlich verflüchtigen wird oder zurückgelassen werden muss? Wie hätte er in dem künstlichen Glück seines Palastes bleiben können?

Wir mögen uns fragen, wohin Siddhârtha gehen konnte. Außerhalb wie innerhalb des Palastes gab es keinen Ort, wohin er sich vor dem Tod hätte flüchten können. All sein königlicher Reichtum konnte ihm keinen Aufschub kaufen. War er auf der Suche nach Unsterblichkeit? Wir wissen, dass diese Suche aussichtslos ist. Wir haben zu unserer Unterhaltung die phantastischen Mythen der unsterblichen griechischen Götter gelesen, die Geschichten vom Heiligen Gral mit seinem Unsterblichkeitselixier und von Ponce de Léon, der die Konquistadoren auf eine fruchtlose Suche nach dem Jungbrunnen führte. Wir lächeln über den legendären chinesischen Kaiser Qin Shi Huang, der eine Delegation von jungfräulichen Jungen und Mädchen in ferne Länder entsandte, um den Trank zu suchen, der langes Leben verleiht. Wir denken vielleicht, Siddhârtha sei auf etwas Ähnliches aus gewesen. Nun, es stimmt, dass er den Palast in einer gewissen Naivität verlassen hat – er sollte kein Mittel finden, das seine Frau und sein Kind ewig leben lassen würde –, doch seine Suche war nicht vergeblich.

Was der Buddha fand

Ohne jegliche wissenschaftliche Hilfsmittel saß Prinz Siddhârtha auf einem Bündel Kusha-Gras unter einem *Ficus-religiosa*-Baum und erforschte die menschliche Natur. Nach einer langen Zeit der Kontemplation gelangte er zu der Erkenntnis, dass jegliche Form – einschließlich Fleisch und Knochen, all unsere Gefühle und all unsere Wahrnehmungen – zusammengesetzt ist: Sie ist das Produkt von zwei oder mehr Dingen, die zusammenkommen. Immer wenn zwei oder mehr Komponenten zusammenkommen, tritt ein neues Phänomen auf – Nägel und Holz werden zu einem

Tisch, Wasser und Blätter werden zu Tee, Furcht, Hingabe und ein Erlöser werden zu Gott. Dieses Endprodukt ist unabhängig von seinen Teilen nicht existent. Wirklich zu glauben, es existiere eigenständig, ist die größte Verblendung. Inzwischen haben sich die Teile verändert. Bereits durch das Zusammentreffen haben sie sich verändert, und zusammen sind sie zu etwas anderem geworden – sie sind „zusammengesetzt".

Er begriff, dass dies nicht nur für die menschliche Erfahrung gilt, sondern auch für alle Materie, die ganze Welt, das Universum – weil alles mit anderen Dingen zusammenhängt und von ihnen abhängig und alles dem Wandel unterworfen ist. Keine einzige Komponente in der gesamten Schöpfung existiert in einem autonomen, dauerhaften und reinen Zustand. Weder das Buch, das Sie in Händen halten, noch Atome – nicht einmal die Götter. Solange also etwas im Bereich unseres Geistes existiert – selbst in unserer Vorstellung, wie etwa ein Mensch mit vier Armen –, hängt es von der Existenz von etwas anderem ab. Auf diese Weise entdeckte Siddhârtha, dass Vergänglichkeit nicht Tod bedeutet, wie wir normalerweise glauben – sondern Wandel. Alles, was sich in Beziehung auf eine andere Sache verändert, selbst die leiseste Verschiebung, ist den Gesetzen der Vergänglichkeit unterworfen.

Durch diese Erkenntnis fand Siddhârtha letztlich einen Weg zur Umgehung des Leidens an der Sterblichkeit. Er akzeptierte, dass Wandel unausweichlich und der Tod lediglich ein Teil dieses Kreislaufs ist. Außerdem begriff er, dass es keine allmächtige Kraft gibt, die den Weg zum Tod umzukehren vermag, daher konnte er auch keiner Hoffnung mehr in die Falle gehen. Wenn es keine blinde Hoffnung gibt, gibt es auch keine Enttäuschung. Wenn man weiß, dass alles vergänglich oder unbeständig ist, hält man nicht fest, und wenn man nicht festhält, wird man nicht in Begriffen von Haben und Nichthaben denken und somit sein Leben erfüllt und in Fülle leben können.

Siddhârthas Erwachen aus der Illusion der Beständigkeit gibt uns Anlass, ihn als „Buddha", den „Erwachten", zu bezeichnen.

Heute, 2500 Jahre später, erkennen wir, dass das, was er entdeckt und gelehrt hat, ein unschätzbar kostbarer Schatz ist, der Millionen von Menschen inspiriert hat – Gebildete und Analphabeten, Reiche und Arme, von König Ashoka bis zu Allen Ginsberg, von Kublai Khan bis zu Gandhi, von Seiner Heiligkeit dem Dalai Lama bis zu den Beastie Boys. Andererseits, wäre Siddhârtha heute hier unter uns, wäre er wohl ziemlich enttäuscht, weil nämlich der größte Teil seiner Entdeckungen brachliegt. Das liegt nicht etwa daran, dass unsere großartige moderne Technologie seine Erkenntnisse widerlegt hätte: Niemand ist unsterblich geworden. Jeder Mensch muss irgendwann sterben; schätzungsweise 250.000 Menschen tun dies jeden Tag. Menschen, die uns nahestehen, sind gestorben und werden sterben. Dennoch sind wir noch immer schockiert und traurig, wenn ein geliebtes Wesen dahingeht, und wir suchen weiter nach dem Jungbrunnen oder einer geheimen Formel für langes Leben. Einkauf im Bioladen, unsere Fläschchen mit Vitaminpräparaten und Nahrungsergänzungsmitteln, Power-Yoga-Kurse, koreanischer Ginseng, plastische Chirurgie, Kollagen-Injektionen und Feuchtigkeitslotionen sind der klare Beweis, dass wir insgeheim den gleichen Wunsch nach Unsterblichkeit hegen wie der Kaiser Qin.

Prinz Siddhârtha brauchte und wollte das Elixier der Unsterblichkeit nicht mehr. Durch die Erkenntnis, dass alle Dinge zusammengesetzt sind, dass die Dekonstruktion unendlich ist und dass keine der Komponenten der Schöpfung in einem autonomen, dauerhaften, reinen Zustand existiert, war er befreit. Alles Zusammengesetzte (mittlerweile wissen wir, dass das *alles* umfasst) und seine vergängliche Natur sind als eins miteinander verbunden, genau wie Wasser und ein Eiswürfel. Wenn wir einen Eiswürfel in unseren Drink geben, bekommen wir beides. Genauso sah Siddhârtha, wenn er einen Menschen umherspazieren sah – auch wenn dieser noch so gesund war –, diesen Menschen gleichzeitig als lebendig und als in Auflösung befindlich. Sie denken vielleicht, das höre sich nicht gerade sehr lustig an, aber es kann ein erstaunliches Erlebnis sein, beide Seiten zu sehen. Das kann sehr befriedigend sein. Es ist nicht das Auf und Ab der Achterbahn von Hoffnung und Enttäuschung. Sehen wir die Dinge um uns herum auf diese Weise, beginnen sie sich aufzulösen. Unsere Wahrnehmung der Phänomene verwandelt sich und wird in gewisser Weise klarer. Es ist so leicht zu erkennen, wie die Leute in der Achterbahn gefangen werden, und Sie entwickeln ganz natürlich Mitgefühl mit ihnen. Einer der Gründe für Mitgefühl ist, dass die Vergänglichkeit so offensichtlich ist und die Menschen sie doch nicht sehen.

Vorläufigkeit

Der Akt der Zusammensetzung ist seiner Natur nach zeitlich gebunden: Er hat einen Anfang, eine Mitte und ein Ende. Dieses Buch gab es vorher nicht, es scheint jetzt zu existieren, und es wird schließlich wieder auseinanderfallen. Gleichermaßen unterscheidet sich das Ich, das gestern war – das heißt *Sie* –, von dem Ich, das heute ist. Aus Ihrer schlechten Laune ist gute Laune geworden, Sie haben vielleicht etwas gelernt, Sie haben neue Erinnerungen, die Schramme an Ihrem Knie ist etwas abgeheilt. Unsere vermeintlich kontinuierliche Existenz ist eine Reihe von Anfängen und Enden, die zeitlich gebunden sind. Sogar der eigentliche Akt der Schöpfung erfordert Zeit: eine Zeit vor der Existenz, eine Zeit des in Existenz Gelangens und ein Ende des Schöpfungsaktes.

Jene Menschen, die an einen allmächtigen Gott glauben, analysieren ihr Konzept von Zeit im Allgemeinen nicht, weil sie annehmen, Gott stehe außerhalb der Zeit. Um die Schöpfung einem allmächtigen Gott zuschreiben zu können, müssen wir das Element der Zeit mit einbeziehen. Wenn es diese Welt immer gegeben hätte, wäre keine Schöpfung notwendig. Daher muss sie in einer Periode vor der Schöpfung nicht existiert haben und somit ist eine Zeitabfolge vonnöten. Da der Schöpfer – nennen wir ihn Gott – sich also an die Gesetze der Zeit halten muss, ist auch er dem Wandel unterworfen, selbst wenn der einzige Wandel, den er je durchgemacht hat, die Schaffung dieser einen Welt war. Und das ist gut. Ein allgegenwärtiger und unvergänglicher Gott kann sich nicht wandeln, daher ist es besser, einen vergänglichen Gott zu haben, der auf Gebete antworten und das Wetter ändern kann. Aber solange Gottes Werke eine Zusammensetzung von Anfängen und Enden sind, ist er vergänglich, oder in anderen Worten: Ungewissheit und Unzuverlässigkeit unterworfen.

Wenn es kein Papier gibt, gibt es auch keine Bücher. Wenn es kein Wasser gibt, gibt es kein Eis. Wenn es keinen Anfang gibt, gibt es auch kein Ende. Die Existenz des einen hängt sehr stark von der des anderen ab, daher gibt es so etwas wie wahre Unabhängigkeit nicht. Aufgrund der wechselseitigen Abhängigkeit beeinträchtigt auch eine leichte Veränderung einer Komponente – des Tischbeins beispielsweise – die Integrität des Ganzen und es wird instabil. Auch wenn wir glauben, wir könnten den Wandel kontrollieren, ist das doch in den meisten Fällen aufgrund der zahllosen unsichtbaren Einflüsse, die uns nicht bewusst sind, unmöglich. Und wegen dieser Interdependenz ist die Auflösung des gegenwärtigen oder ursprünglichen Zustands aller Dinge unausweichlich. Jeder Wandel trägt ein Element des Todes in sich. Das Heute ist der Tod des Gestern.

Die meisten Menschen akzeptieren, dass alles, was geboren wurde, schließlich sterben muss; doch unsere Definitionen von dem, was „alles" und „Tod" bedeutet, mögen sich sehr unterscheiden. Für Siddhârtha bezieht sich „Geburt" auf die gesamte Schöpfung – nicht nur auf Blumen und Pilze und Menschen, sondern auf alles, das geboren oder auf irgendeine Weise zusammengesetzt wurde. Und „Tod" bezieht sich auf jegliche Art von Auflösung oder Zersetzung. Siddhârtha hatte keine Forschungsstipendien oder Assistenten, sondern nur den heißen indischen Staub und einige vorbeiziehende Wasserbüffel als Zeugen. Auf diese Weise ausgestattet, realisierte er die Wahrheit der Vergänglichkeit auf einer tiefen Ebene. Seine Erkenntnis war nicht so spektakulär wie das Entdecken eines neuen Sterns; sie sollte auch nicht der Begründung moralischer

Urteile dienen oder eine soziale Bewegung oder eine Religion ins Leben rufen, noch war sie eine Prophezeiung. Vergänglichkeit ist eine einfache, weltliche Tatsache. Es ist höchst unwahrscheinlich, dass eines Tages irgendein neckisches zusammengesetztes Ding dauerhaft werden wird. Und noch unwahrscheinlicher ist, dass wir so etwas wie Dauerhaftigkeit beweisen könnten. Dennoch vergöttern wir den Buddha heute entweder – oder wir versuchen ihn mit hochentwickelter Technologie auszutricksen.

Wir wollen es einfach nicht sehen

2538 Jahre, nachdem Siddhârtha die Palasttore hinter sich ließ, zu einer Zeit, als Millionen von Menschen gerade feierten, fröhlich waren und einem neuen Anfang freudig entgegensahen – einer Zeit, die für einige Anlass ist, Gottes zu gedenken, und für andere, die Vorteile von Sonderangeboten und Ausverkauf zu nutzen –, erschütterte ein katastrophaler Tsunami die Welt. Selbst die Kaltblütigsten unter uns hielten vor Entsetzen den Atem an. Als das Geschehen im Fernsehen vor uns ablief, wünschten sich einige von uns, Orson Welles würde die Sendung unterbrechen und verkünden, dies sei alles nur Fiktion[1], oder dass Spiderman herbeifliegen und den Tag retten würde.

Zweifellos wäre Prinz Siddhârthas Herz gebrochen, wenn er die an Land gespülten Tsunami-Opfer gesehen hätte. Aber sein Herz wäre sicherlich noch sehr viel schwerer gewesen aufgrund der Tatsache, dass wir so total überrascht waren – was nämlich beweist, dass wir die Vergänglichkeit hartnäckig leugnen. Dieser Planet besteht aus unberechenbarem Magma. Alle Erdplatten – Australien, Taiwan, die beiden Amerikas – ähneln Tautropfen, die eben von einem Grashalm fallen wollen. Doch der Bau von Wolkenkratzern und Tunneln hört niemals auf. Unsere unersättliche Rodung der Wälder für wegwerfbare Essstäbchen und Werbeprospekte lädt die Vergänglichkeit geradezu ein, sich noch schneller zu manifestieren.

Es sollte uns nicht überraschen, Zeichen des Zu-Ende-Gehens eines jeglichen Phänomens zu erkennen, aber wir sind nur sehr schwer zu überzeugen.

Doch selbst eine so verheerende Mahnung wie der Tod und die Verwüstung durch den Tsunami wird bald übertüncht und vergessen sein. Luxusferienanlagen werden bereits wieder auf genau den Stellen errichtet, an die Familien kamen, um die Leichen ihrer Lieben zu identifizieren. Die Völker der Erde werden weiter darin gefangen sein, in der Hoffnung auf dauerhaftes Glück eine Wirklichkeit zusammenzusetzen und zu erfinden. Der Wunsch nach „dann leben sie noch heute" – glücklich bis ans Lebensende – ist nichts anderes als die Sehnsucht nach Dauerhaftigkeit in einem anderen Gewand. Konzepte wie „ewige Liebe", „unvergängliches Glück" und „Erlösung" erzeugen nur noch mehr Beweise für Vergänglichkeit. Unsere Absichten und deren Ergebnis widersprechen einander. Wir beabsichtigen, uns und unsere Welt festzuschreiben, aber wir vergessen, dass der Zerfall beginnt, sobald die Schöpfung beginnt. Wir streben nicht nach dem Verfall, doch was wir tun, führt uns geradewegs dorthin.

Wir sollten zumindest versuchen, riet der Buddha, das Konzept der Vergänglichkeit im Gedächtnis zu behalten und es nicht bewusst zu verbergen. Indem wir uns der Tatsache bewusst bleiben, dass die Phänomene zusammengesetzt sind, wird uns auch die wechselseitige Abhängigkeit bewusst. Erkennen wir die Wechselbeziehungen an, erkennen wir auch die Vergänglichkeit an. Und wenn wir nicht vergessen, dass die Dinge vergänglich sind, werden wir weniger leicht von Annahmen, starren Glaubenssätzen (sowohl religiöser als auch weltlicher Art), Wertesystemen oder blindem Glauben versklavt. Ein solches Bewusstsein bewahrt uns davor, uns in alle möglichen persönlichen, politischen und Beziehungsdramen zu verfangen. Wir beginnen zu erkennen, dass die Dinge nicht gänzlich unter unserer Kontrolle sind und es niemals sein werden, und so gibt es keine Erwartungshaltung, dass die Dinge unseren Hoffnungen und Ängsten entsprechen werden. Es ist niemand schuld, wenn etwas schiefgeht, weil es *zahllose* Gründe und Bedingungen gibt, die daran schuld sind. Dieses Bewusstsein kann sich von den entferntesten Bereichen unserer Imagination bis hin zu subatomaren Ebenen erstrecken. Selbst Atomen kann man nicht trauen.

Instabilität

Dieser Planet, auf dem Sie gerade sitzen, während Sie dieses Buch lesen, wird schließlich so ohne Leben sein wie der Mars – wenn er nicht vorher von einem Meteoriten zerschmettert wird. Oder ein überdimensionaler Vulkanausbruch könnte die Sonne verdunkeln und alles Leben auf der Erde auslöschen. Viele der Sterne, zu denen wir in einer romantischen Sternennacht aufschauen, sind schon lange nicht mehr vorhanden; wir erfreuen uns an den Strahlen von Sternen, die schon vor Millionen von Lichtjahren erloschen sind. Auf der Oberfläche dieser empfindlichen Erde verschieben sich die Kontinente noch immer. Vor 300 Millionen Jahren waren die amerikanischen Kontinente, die wir heute kennen, ein einziger Superkontinent, den die Geologen Pangea nennen.

Aber wir müssen keine 300 Millionen Jahre warten, um den Wandel zu erkennen. Sogar in einer kurzen Lebensspanne können wir miterleben, wie die grandiosen Konzepte von Imperien dahinschwinden wie ein Tropfen Wasser auf einem heißen Stein. Indien hatte zum Beispiel eine Kaiserin, die in England lebte und deren Flagge in vielen Ländern auf dem ganzen Globus wehte, so dass die Briten stolz sagen konnten, über dem Union Jack gehe die Sonne niemals unter. Doch heute *geht* die Sonne über dem Union Jack unter. Die sogenannten Nationalitäten und Rassen, mit denen wir uns so stark identifizieren, wandeln sich ständig. Zum Beispiel leben Krieger der Maori oder Navajo, die ihre Territorien einst Hunderte von Jahren regierten, heute als Minderheiten in überfüllten Reservaten, während Immigranten, die sich aus Europa kommend in den letzten 250 Jahren dort angesiedelt haben, die herrschende Mehrheit bilden. Die Han-Chinesen pflegten sich auf die Mandschus einst als „sie" zu beziehen, doch China hat mittlerweile beschlossen, es sei eine Republik, die viele ethnische Gruppen enthält, und so sind die Mandschus jetzt „wir". Dennoch hat dieser konstante Wandel uns nicht davon abgehalten, Leib und Leben für die Schaffung von machtvollen Nationen, Grenzen und Gesellschaften zu opfern. Wie viel Blut wurde im Laufe der Jahrhunderte im Namen von politischen Systemen vergossen? Jedes System wird von unzähligen instabilen Faktoren gebildet und zusammengesetzt: der Ökonomie, den Ernten, persönlichem Ehrgeiz, dem Herz-Kreislauf-System eines Führers, Lust, Liebe und Glück. Legendäre Führer sind ebenfalls instabil: Einige fallen in Ungnade, weil sie „geraucht, aber nicht inhaliert" haben, andere kommen wegen Wahlbetrugs aufgrund unvollständig gestanzter Lochkarten an die Macht.

Die Komplexität von Vergänglichkeit und die Instabilität aller zusammengesetzten Phänomene werden im Bereich der internationalen Beziehungen nur noch deutlicher, denn die Definitionen für „Verbündeter" und „Feind" wechseln ständig. Es gab eine Zeit, als Amerika blindlings auf einen Feind namens „Kommunismus" losging. Selbst Che Guevara, ein großer sozialer Held, wurde als Terrorist verdammt, weil er einer bestimmten Partei angehörte und einen roten Stern an seiner Mütze trug. Wahrscheinlich war er nicht einmal der vollkommene Kommunist, als den wir ihn gern hinstellen. Wenige Jahrzehnte später umwirbt das Weiße Haus neuerdings China, das größte heute noch existierende kommunistische Land, gewährt ihm den Status einer „meistbegünstigten Nation" *(Most Favored Nation)* und ignoriert wissentlich genau die Dinge, die zuvor den amerikanischen Schlachtruf hervorgerufen hätten.

Wohl aufgrund der flüchtigen Natur von Freund und Feind lehnte Siddhârtha ab, als Channa ihn bat, ihn auf seiner Wahrheitssuche begleiten zu dürfen. Selbst sein engster Vertrauter und Freund war dem Wandel unterworfen. Oft erleben wir sich verändernde Bündnisse in unseren persönlichen Beziehungen. Der beste Freund, dem Sie Ihre tiefsten Geheimnisse anvertraut haben, besitzt die Macht, sich in Ihren schlimmsten Feind zu verwandeln, weil er diese Vertrautheit gegen Sie richten kann. Zwischen Präsident Bush, Osama bin Laden und Saddam Hussein kam es in aller Öffentlichkeit zu einer ziemlich skandalösen Trennung. Lange hatte sich das Trio einer lauschigen Beziehung erfreut, doch nun sind sie zu *dem* Modell für Erzfeinde geworden. Unter Nutzung des vertraulichen Wissens voneinander haben sie einen blutigen Kreuzzug unternommen, der vielen Tausenden das Leben kostete, um ihre verschiedenen Versionen von „Moral" durchzusetzen.

Weil wir stolz auf unsere Prinzipien sind und sie oft anderen aufzwingen, behält dieses Moral-Konzept noch ein Fünkchen an Bedeutung. Dennoch hat sich die Definition von „Moral" die ganze Menschheitsgeschichte hindurch ständig verändert und sich dem Zeitgeist der Ära entsprechend verschoben. Amerikas ständig schwankendes Barometer dessen, was politisch korrekt oder unkorrekt ist, ist schon verblüffend. Ganz gleich, wie man die verschiedenen Rassen und kulturellen Gruppen benennt, irgendjemand ist bestimmt immer beleidigt. Die Regeln ändern sich dauernd. Wir laden einen Freund zum Abendessen ein, und da er ein fanatischer Vegetarier ist, müssen wir das Menü darauf abstimmen. Als er das nächste Mal zum Essen kommt, fragt er, wo denn das Fleisch bleibe, denn jetzt folgt er fanatisch einer reinen Protein-Diät. Oder jemand, der Abstinenz vor der Ehe befürwortet, kann plötzlich zu Promiskuität neigen, wenn er oder sie die Sache erst einmal ausprobiert hat.

In alten asiatischen Kunstwerken werden Frauen mit nackten Brüsten dargestellt, und sogar in der jüngeren Geschichte fanden es einige asiatische Gesellschaftssysteme akzeptabel, wenn Frauen „oben ohne" gingen. Dann läutete das Zusammenkommen von Phänomenen wie Fernsehen und westliche Werte eine neue Ethik ein. Plötzlich war es moralisch verwerflich, ohne BH zu gehen; wenn man seine Brüste nicht bedeckt, gilt man als vulgär und kann sogar verhaftet werden. Einstmals freigeistige Länder bemühen sich nun eifrig, diese oder jene neue Ethik anzunehmen, bestellen Büstenhalter und bedecken selbst zur heißesten Monsunzeit den Körper so weit wie möglich. Die weibliche Brust ist nicht von Natur aus schlecht – die Brust hat sich nicht verändert, aber die Moral. Der Wandel transformiert den Busen in etwas Sündhaftes und veranlasste die U.S. Federal Communications Commission dazu, den Sender CBS mit einer Geldstrafe von 550.000 Dollar zu belegen, weil Janet Jackson in einer Live-Sendung drei Sekunden lang ihre Milchdrüsen zur Schau stellte.

Ursachen und Bedingungen:
Ist das Ei gekocht, können Sie nichts mehr daran ändern

Als Siddhârtha von „allen zusammengesetzten Dingen" sprach, bezog er sich auf mehr als nur die offensichtlich wahrnehmbaren Phänomene wie etwa die DNA, Ihren Hund, den Eiffelturm, Eier und Sperma. Geist, Zeit, Gedächtnis und Gott sind ebenfalls zusammengesetzt. Und jede zusammengesetzte Komponente ist wiederum von mehreren Schichten der Zusammensetzung abhängig. In gleichem Maße ging er, als er Vergänglichkeit lehrte, über das konventionelle Denken in Bezug auf „das Ende" hinaus, wie etwa in der Auffassung, der Tod träte nur ein einziges Mal ein, und das sei es dann gewesen. Tod geschieht kontinuierlich, vom Augenblick der Geburt, vom Moment der Schöpfung an. Jeder Wandel ist eine Form von Tod, und daher ist in jeder Geburt der Tod von etwas anderem enthalten. Betrachten Sie das Kochen eines Hühnereis. Ohne ständigen Wandel kann es kein gekochtes Ei geben. Das Ergebnis eines gekochten Eies erfordert einige grundlegende Ursachen und Bedingungen. Sie brauchen offenkundig ein Ei, einen Topf mit Wasser und irgendein Erhitzungselement. Und dann gibt es noch einige nicht so grundlegende Ursachen und Bedingungen, wie beispielsweise eine Küche, Licht, eine Eieruhr und eine Hand, die das

Ei in den Topf legt. Eine andere wichtige Bedingung ist, dass es zu keiner Unterbrechung kommt, etwa durch einen Stromausfall oder eine Ziege, die in die Küche kommt und den Topf umstößt. Zudem benötigt jede Bedingung – das Huhn zum Beispiel – eine weitere Gruppe von Ursachen und Bedingungen. Es braucht eine andere Henne, die ein Ei legt, damit das Huhn geboren werden kann, einen sicheren Ort, an dem dies geschehen kann, und Futter, damit das Küken wachsen kann. Das Hühnerfutter muss irgendwo angebaut werden und seinen Weg zu dem Küken finden. Wir können die unerlässlichen und die verzichtbaren Bedingungen bis auf die subatomare Ebene hinab zergliedern, mit einer ständig wachsenden Anzahl von Formen, Gestalten, Funktionen und Bezeichnungen.

Wenn all diese unzähligen Ursachen und Bedingungen zusammenkommen und es kein Hindernis und keine Unterbrechung gibt, ist das Ergebnis unvermeidlich. Viele missverstehen dies als Schicksal oder Glück, aber das ist es nicht, denn zumindest anfänglich haben wir noch die Macht, auf die Umstände Einfluss auszuüben. Doch an einem gewissen Punkt wird das Ei gekocht sein, auch wenn wir noch so beten, es möge nicht gar sein.

Wie das Ei, so sind *alle* Phänomene das Produkt von Myriaden von Komponenten und daher veränderlich. Nahezu alle dieser Myriaden von Komponenten entziehen sich unserer Kontrolle und trotzen aus diesem Grunde unseren Erwartungen. Der unscheinbarste Präsidentschaftskandidat könnte die Wahl gewinnen und das Land dann zu Zufriedenheit und Wohlstand führen. Der Kandidat, für den Sie Wahlkampf machen, könnte gewinnen und das Land dann in den ökonomischen und sozialen Ruin treiben und Sie ins Unglück stürzen. Vielleicht denken Sie liberal und glauben, linksgerichtete Politik sei erleuchtete Politik. Aber sie kann tatsächlich die Ursache für Faschismus und Skinheads sein, wenn sie allzu willfährig ist und Toleranz den Intoleranten gegenüber befürwortet, oder wenn sie die Grundrechte jener schützt, deren einziges Ziel ist, die Grundrechte anderer zu zerstören. Die gleiche Unberechenbarkeit gilt für alle Formen, Gefühle, Wahrnehmungen, Traditionen, für Liebe, Vertrauen, Misstrauen, Skepsis – sogar für die Beziehungen zwischen spirituellen Meistern und Schülern und zwischen den Menschen und ihren Göttern.

All diese Phänomene sind vergänglich. Nehmen wir beispielsweise die Skepsis. Es gab einmal einen Kanadier, der die Skepsis selbst verkörperte. Es machte ihm Freude, buddhistische Lehrveranstaltungen zu besuchen, um dort mit den Lehrern zu disputieren. Er war in buddhistischer Philosophie tatsächlich ziemlich gut bewandert, so dass seine Argumente wirklich stark waren. Er genoss jede Gelegenheit, den buddhistischen Lehrsatz zu zitieren, dass die Worte Buddhas analysiert und nicht für bare Münze genommen werden sollten. Heute, einige Jahre später, ist er ein glühender Anhänger eines bekannten Mannes, der spirituelle Botschaften „channelt". Der Inbegriff des Skeptikers sitzt mit tränenüberströmtem Gesicht vor seinem singenden Guru, hingegeben an eine Wesenheit, die nicht einen Funken Logik anzubieten hat. Glaube oder Hingabe haben im Allgemeinen den Ruf, unerschütterlich zu sein, aber wie Skepsis und alle anderen zusammengesetzten Phänomene sind auch sie vergänglich.

Ob Sie sich nun Ihrer Religion rühmen oder stolz darauf sind, keiner Religion anzugehören, Glaube spielt in Ihrem Leben eine wichtige Rolle. Selbst „Ungläubigkeit" erfordert Glauben – totalen, blinden Glauben an Ihre eigene Logik oder Vernunft, die sich auf Ihre sich ständig wandelnden Gefühle gründet. Es ist daher kein Wunder, wenn etwas, das gestern noch so überzeugend schien, uns heute nicht mehr überzeugt. Die unlogische Natur des Glaubens hat keineswegs etwas besonders Subtiles – in Wahrheit gehört sie zu den verschachteltsten und abhängigsten Phänomenen. Glaube kann durch das rechte Aussehen zur rechten Zeit am rechten Ort hervorgerufen werden. Ihr Glaube mag von oberflächlicher Übereinstimmung abhängen. Nehmen wir einmal an, Sie sind ein Frauenfeind und begegnen einem Menschen, der Hass auf Frauen predigt. Sie werden diese Person überzeugend finden, ihr zustimmen und ihr einiges an Vertrauen entgegenbringen. Etwas so Belangloses wie eine gemeinsame Vorliebe für Sardellen könnte sich noch zu Ihrer Verehrung hinzugesellen. Oder vielleicht ist eine Person oder eine Institution in der Lage, Ihre Angst vor dem Unbekannten zu mindern. Andere Faktoren, wie die Familie, das Land oder die Gesellschaft, in die wir hineingeboren wurden, sind alle Teil dieser Ansammlung von Elementen, die bei dem zusammenkommen, was wir Glauben nennen.

Die Bewohner vieler Länder, in denen der Buddhismus vorherrscht, wie Bhutan, Korea, Japan und Thailand, haben sich blindlings der buddhistischen Doktrin verschrieben. Andererseits sehen sich viele junge Menschen in diesen Ländern vom Buddhismus enttäuscht, weil es nicht genug Information darüber und zu viele Ablenkungen gibt, so dass das Phänomen des Festhaltens am Glauben sich nicht einstellen kann. Also folgen sie schließlich einem anderen Glauben oder ihrer eigenen Vernunft.

Die Vergänglichkeit arbeitet für uns

Es hat viele Vorteile, das Konzept des Zusammengesetzten zu verstehen, also beispielsweise, dass es sogar zur Herstellung eines einzigen gekochten Eies einer enormen Zahl von Phänomenen bedarf. Wenn wir lernen zu sehen, wie alle Dinge und Situationen aus Teilen zusammengesetzt sind, dann lernen wir auch Vergebung zu kultivieren, Verständnis, Offenheit und Furchtlosigkeit. Einige Leute sprechen zum Beispiel immer noch davon, Mark Chapman sei der einzige Übeltäter bei der Ermordung John Lennons gewesen. Doch wenn unsere Verehrung von Stars nicht so groß wäre, hätte Mark Chapman vielleicht gar nicht die Phantasie gehabt, John Lennon umzubringen. Zwanzig Jahre nach der Tat gab Chapman zu, er habe in John Lennon, als er ihn erschoss, nicht wirklich einen Menschen gesehen. Seine geistige Instabilität beruhte auf einer großen Anzahl zusammengekommener Faktoren (Gehirnchemie, Erziehung, der Umgang des amerikanischen Gesundheitssystems mit geistig Behinderten). Wenn wir erkennen können, wie ein kranker und gequälter Geist zusammengesetzt ist, und die Bedingungen begreifen, unter denen er operiert, dann sind wir besser in der Lage, die Mark Chapmans dieser Welt zu verstehen und ihnen zu vergeben. Wie im Falle des gekochten Eies: Selbst wenn wir beten würden, dass es keine Ermordung geben sollte, wäre sie unausweichlich gewesen.

Aber vielleicht fürchten wir uns auch mit diesem Verständnis noch vor Mark Chapman, weil er so unberechenbar ist. Angst und Sorge sind die dominanten psychischen Zustände des menschlichen Geistes. Hinter dieser Furcht liegt die ständige Sehnsucht nach Gewissheit. Wir fürchten uns vor dem Unbekannten. Der Hunger des Geistes nach Bestätigung gründet auf unserer Angst vor Vergänglichkeit.

Furchtlosigkeit entsteht, wenn Sie die Ungewissheit schätzen lernen, wenn Sie Vertrauen in die Unmöglichkeit haben, dass diese miteinander verbundenen Komponenten statisch und dauerhaft bleiben. Sie werden feststellen, dass Sie sich im wahrsten Sinne des Wortes auf den schlimmsten Fall einrichten und dabei das Beste zulassen. Sie werden würdevoll und majestätisch. Diese Qualitäten verstärken Ihre Fähigkeit zu arbeiten, Krieg zu führen, Frieden zu stiften, eine Familie zu gründen und Liebe und persönliche Beziehungen zu genießen. Dadurch, dass Sie wissen, dass gleich um die Ecke etwas für Sie auf Abruf bereitsteht, dadurch, dass Sie akzeptieren, dass es von diesem Augenblick an für Sie unzählige Möglichkeiten gibt, entwickeln Sie Fertigkeiten in alldurchdringendem Gewahrsein und die Voraussicht eines begnadeten Generals. Sie werden nicht paranoid, sondern sind lediglich vorbereitet.

Aus der Sicht von Siddhârtha konnte es keinen Fortschritt oder Wandel zum Besseren geben, wenn es keine Vergänglichkeit gab. Dumbo, der fliegende Elefant, hat das begriffen. Als kleiner Kerl war er wegen seiner riesigen Ohren ein Außenseiter. Er war allein, niedergeschlagen und hatte Angst, aus dem Zirkus hinausgeworfen zu werden. Doch dann entdeckte er, dass seine „Missbildung" einzigartig und wertvoll war, weil sie es ihm ermöglichte, zu fliegen. Er wurde beliebt. Hätte er von Anfang an der Vergänglichkeit vertraut, hätte er in seinen jungen Jahren nicht so leiden müssen. Die Anerkennung der Vergänglichkeit ist der Schlüssel zur Freiheit von der Angst, für immer in einer Situation, einer Gewohnheit oder einem Muster festzustecken.

Persönliche Beziehungen sind das flüchtigste und vollkommenste Beispiel für zusammengesetzte Phänomene und Vergänglichkeit. Einige Paare glauben, sie könnten ihre Beziehung managen, „bis dass der Tod uns scheidet", indem sie entsprechende Bücher lesen oder Eheberater konsultieren. Zu wissen, dass Männer vom Mars und Frauen von der Venus sind, bietet jedoch nur bei einigen wenigen offensichtlichen Ursachen und Bedingungen für Disharmonie eine Lösung. Bis zu einem gewissen Grad hilft dieses begrenzte Verständnis vielleicht, einen zeitweiligen Frieden herzustellen, aber es reicht nicht aus, die vielen versteckten Faktoren zu beeinflussen, die Teil der Zusammensetzung einer Partnerschaft sind. Könnten wir das Unsichtbare sehen, dann könnten wir uns vielleicht der vollkommensten Beziehung erfreuen – oder wir würden die Beziehung gar nicht erst eingehen.

Wenn wir Siddhârthas Verständnis von Vergänglichkeit auf Beziehungen anwenden, führt uns das zu einem Vergnügen, das in Julias ergreifenden Worten an Romeo beschrieben wird: „Trennung ist solch süßer Schmerz …"[2] Augenblicke der Trennung sind häufig die tiefsten in einer Beziehung. Jede Beziehung muss letztlich enden, und sei es aufgrund von Tod. Denkt man daran, wird unsere Würdigung der Ursachen und Bedingungen, die zu einer Verbindung geführt haben, noch vertieft. Das ist besonders machtvoll, wenn ein Partner eine unheilbare Krankheit hat. Da gibt es keine Illusion von „auf immer und ewig", und das ist überraschend befreiend. Unsere Fürsorge und Zuneigung wird bedingungslos und unsere Freude ist sehr stark in der Gegenwart angesiedelt. Liebe und Unterstützung zu geben ist leichter und befriedigender, wenn die Tage unseres Partners gezählt sind.

Aber wir vergessen, dass unsere Tage *immer* gezählt sind. Auch wenn wir intellektuell verstehen mögen, dass alles, was geboren ist, auch sterben muss und alles Zusammengesetzte sich schließlich auflösen wird, rutschen wir, was unseren emotionalen Zustand angeht, doch ständig wieder in ein Verhalten zurück, das auf dem Glauben an Beständigkeit beruht, und vergessen dabei völlig die wechselseitige Abhängigkeit. Diese Gewohnheit kann alle möglichen negativen Zustände begünstigen: Paranoia, Einsamkeit, Schuldgefühl. Wir mögen uns ausgenutzt, bedroht, schlecht behandelt, vernachlässigt fühlen – als wäre die Welt nur zu uns allein ungerecht.

Schönheit liegt im Auge des Betrachters

Als Siddhârtha Kapilavastu verließ, war er nicht allein. In den frühen Morgenstunden vor Sonnenaufgang, als seine Familie und seine Diener schliefen, ging er zu den Ställen, wo Channa, sein Wagenlenker und vertrautester Freund schlief. Als er sah, dass Siddhârtha ohne Begleitung kam, war Channa sprachlos, aber er gehorchte den Anweisungen seines Herrn und sattelte Siddhârthas Lieblingsstute Kanthaka. Unbemerkt ritten sie durch die Stadttore. Als sie sich in einem sicheren Abstand befanden, stieg Siddhârtha vom Pferd und legte all seine Armreifen, Fußkettchen und sein königliches Geschmeide ab. Er gab es Channa und befahl ihm, Kanthaka mitzunehmen und in die Stadt zurückzukehren. Channa flehte den Prinzen an, ihn begleiten zu dürfen, aber Siddhârtha blieb hart. Channa sollte zurückkehren und weiterhin der königlichen Familie dienen.

Siddhârtha bat Channa, seiner Familie eine Botschaft zu überbringen. Sie sollten sich um ihn keine Sorgen machen, denn er begebe sich auf eine sehr wichtige Reise. Er hatte Channa bereits all seinen Schmuck gegeben – bis auf einen, das endgültige Symbol von Pracht, Kastenzugehörigkeit und königlicher Stellung: sein wunderschönes langes Haar. Dies schnitt er sich selber ab, reichte es Channa und zog allein von dannen. Siddhârtha begab sich auf seine Reise zur Erforschung der Vergänglichkeit. Bereits jetzt schien es ihm närrisch, so viel Energie für Schönheit und Eitelkeit zu investieren. Er hatte nichts gegen Schönheit und Körperpflege, er lehnte nur den Glauben an Dauerhaftigkeit ab.

Oft heißt es, Schönheit liege „im Auge des Betrachters". Diese Behauptung ist viel tiefgründiger, als man zuerst meinen mag. Das Konzept von Schönheit ist äußerst launisch. Die Ursachen und Bedingungen von Modetrends verändern sich ständig, genau wie die Betrachter des Trends sich ständig verändern. Noch bis in die Mitte des zwanzigsten Jahrhunderts wurden in China die Füße junger Mädchen eingebunden, wodurch sie nicht größer werden konnten als acht bis zehn Zentimeter. Das Ergebnis dieser Tortur wurde als schön angesehen; Männer fanden sogar erotisches Vergnügen an dem Gestank der Binden, die zum Abbinden der Füße benutzt wurden. Heute gehen chinesische Frauen durch andere Leiden und lassen sich ihre Schienbeine verlängern, damit sie so aussehen können wie Frauen aus der *Vogue*. Indische Mädchen hungern, um ihre weiblich-üppige Figur – wie sie so voll und anmutig in den Malereien von Ajanta dargestellt ist – auf die eckigen Linien Pariser Models zu reduzieren. Stummfilmstars wurden im Westen dafür gefeiert, dass sie schmalere Lippen als Augen hatten, doch heute steht die Mode auf große Münder mit wulstigen Lippen. Vielleicht wird die nächste charismatische Persönlichkeit Eidechsenlippen und Papageienaugen haben. Dann werden all jene Frauen mit aufgespritzten Lippen für die Verkleinerung ihrer Lippen zahlen müssen.

Vergänglichkeit als gute Nachricht

Der Buddha war weder Pessimist noch Schwarzseher; er war Realist, während wir dazu neigen, realitätsfern zu sein. Als er konstatierte, dass alle zusammengesetzten Dinge vergänglich sind, gedachte er damit nicht, eine schlechte Nachricht zu verkünden; es sprach einfach eine wissenschaftliche Tatsache aus. Je nach unserer Perspektive und unserem Verständnis dieser Tatsache kann sie zu einem Tor für Inspiration und Hoffnung, Ruhm und Erfolg werden. Das könnte so weit gehen, dass die bedrohliche globale Erwärmung umgekehrt und die Armut in der Welt ausgeräumt werden könnten, weil sie das Ergebnis unersättlicher kapitalistischer Bedingungen sind. Dies kann dank der vergänglichen Natur aller zusammengesetzten Phänomene geschehen. Wir müssen uns nicht von übernatürlichen Mächten, wie etwa Gottes Wille, abhängig machen; alles, was es braucht, um solche negativen Trends umzukehren, ist ein einfaches Wissen um die Natur der zusammengesetzten Phänomene. Wenn Sie die Phänomene verstehen, können Sie diese manipulieren und somit auf Ursachen und Bedingungen einwirken. Sie wären wahrscheinlich überrascht, wenn Sie wüssten, wie sehr ein kleiner Schritt – wie ein einfaches Nein zu Plastiktüten – die globale Erwärmung hinauszögern könnte.

Die Anerkennung der Instabilität von Ursachen und Bedingungen führt uns zum Verstehen unserer eigenen Kraft, Hindernisse zu transformieren und das Unmögliche möglich zu machen. Dies gilt für jeden Lebensbereich. Wenn Sie keinen Ferrari besitzen, können Sie die Bedingungen schaffen, um einen zu bekommen. Solange es einen Ferrari gibt, besteht die Möglichkeit, dass Sie einen besitzen. Auf gleiche Weise können Sie, wenn Sie länger leben wollen, mit dem Rauchen aufhören und mehr Sport treiben. Es gibt eine durchaus vernünftige Hoffnung. Hoffnungslosigkeit ist, genau wie ihr Gegenteil, die blinde Hoffnung, das Ergebnis des Glaubens an Beständigkeit.

Sie können nicht nur Ihre physische Welt transformieren, sondern auch Ihre emotionale, indem Sie zum Beispiel Aufgeregtheit in geistigen Frieden verwandeln und allen Ehrgeiz fahren lassen, oder Sie können mangelnde Selbstachtung in Selbstvertrauen verwandeln, indem Sie aus Freundlichkeit und Menschenliebe heraus handeln. Würden wir uns alle darauf konditionieren, uns in die Lage anderer Menschen zu versetzen, dann könnten wir zu Hause, mit unseren Nachbarn und mit anderen Ländern Frieden schaffen.

All dies sind Beispiele, wie wir auf der weltlichen Ebene auf zusammengesetzte Phänomene einwirken können. Siddhârtha fand heraus, dass sogar die gefürchtetsten Ebenen von Hölle und Verdammnis vergänglich sind, da auch sie zusammengesetzt sind. Es gibt keine Hölle, die als dauerhafter Zustand irgendwo im Untergrund existiert und wo die Verdammten ewige Qualen leiden. Das Ganze ist eher wie ein Alptraum. Ein Traum, in dem ein Elefant Sie niedertrampelt, kommt aufgrund einer Reihe von Bedingungen zustande: zuerst der Schlaf – und vielleicht haben Sie ja irgendwelche schlechten Erfahrungen mit Elefanten gemacht. Es spielt keine Rolle, wie lange der Alptraum andauert – solange er dauert, sind Sie in der Hölle. Dann wachen Sie aufgrund von Ursachen und Bedingungen auf, sei es, dass der Wecker klingelt oder einfach, weil Sie genug geschlafen haben. Der Traum ist eine zeitweilige Hölle und ähnelt nicht wenig unseren Konzepten von einer „echten" Hölle.

Das Gleiche gilt, wenn Sie gegenüber einer Person Hass empfinden und sich aggressiv verhalten oder sich rächen; das ist an sich eine Erfahrung der Hölle. Hass, politische Manipulation und Rache haben die Hölle auf Erden geschaffen. Wenn zum Beispiel ein kleiner Junge, der kleiner, dünner und leichter ist als die AK-47, die er trägt, nicht einmal einen Tag Gelegenheit hat, zu spielen oder seinen Geburtstag zu feiern, weil er zu beschäftigt damit ist, Soldat zu sein – dann ist dies nichts anderes als die Hölle. Es gibt diese Arten von Hölle aufgrund von Ursachen und Bedingungen, und deshalb können wir diese Höllen auch wieder verlassen, indem wir Liebe und Erbarmen als Gegenmittel gegen Wut und Hass einsetzen, wie der Buddha es uns verschrieben hat.

Das Konzept der Vergänglichkeit sagt weder Armageddon noch die Apokalypse voraus, noch ist es eine Strafe für unsere Sünden. Es ist von Natur aus weder positiv noch negativ, es ist einfach ein Teil des Prozesses bei der Zusammensetzung von Dingen. Wir schätzen meistens nur die Hälfte des Kreislaufs der Vergänglichkeit. Wir akzeptieren Geburt, aber nicht den Tod, wir akzeptieren Gewinn, nicht aber den Verlust, wir mögen es, wenn eine Prüfung zu Ende geht, aber nicht, wenn sie anfängt. Wahre Befreiung ergibt sich aus der Anerkennung des gesamten Kreislaufs und nicht aus einem Greifen nach den Aspekten, die wir angenehm finden. Erinnern wir uns an die Wandelbarkeit und Vergänglichkeit von Ursachen und Bedingungen, sowohl den positiven als auch den negativen, dann können wir sie zu unserem Vorteil nutzen. Wohlstand, Gesundheit, Frieden und Ruhm sind genauso zeitlich begrenzt wie ihre Gegenteile. Und natürlich bevorzugte Siddhârtha nicht den Himmel und himmlische Erfahrungen, denn sie sind ebenfalls vergänglich.

Wir mögen uns fragen, warum Siddhârtha sagte, „alle *zusammengesetzten* Dinge sind vergänglich". Warum sagte er nicht einfach, „alle Dinge sind vergänglich"? Es wäre ganz richtig zu sagen, dass alle Dinge vergänglich sind, ohne das Eigenschaftswort *zusammengesetzt*. Dennoch müssen wir jede Gelegenheit nutzen, uns an den ersten Teil zu erinnern: die Zusammensetzung, um die Logik hinter der Aussage zu bewahren. „Zusammensetzung" ist ein sehr einfaches Konzept, es ist jedoch so vielschichtig, dass wir immer wieder daran erinnert werden müssen, um es in seiner Tiefe zu verstehen.

Nichts, was in der Welt existiert oder funktioniert, keine Konstrukte der Vorstellungskraft oder der physischen Ebene, nichts, was uns durch den Kopf geht, nicht einmal unser Geist an sich wird, so wie es ist, für immer bleiben. Die Dinge mögen für die Dauer Ihrer Erfahrung in diesem Leben andauern oder sogar bis in die nächste Generation, doch dann können sie sich schneller auflösen, als Sie es erwarten. In jedem Fall ist ein Wandel letzten Endes unvermeidlich. Dabei spielt weder ein Grad an Wahrscheinlichkeit noch der Zufall eine Rolle. Wenn Sie sich hoffnungslos fühlen, erinnern Sie sich daran – und Sie werden keinen Grund zur Hoffnungslosigkeit mehr haben, denn was immer Ihre Verzweiflung verursacht, wird sich ebenfalls ändern. Alles muss sich wandeln. Es ist nicht unvorstellbar, dass Australien ein Teil von China werden wird und Holland ein Teil der Türkei. Es ist nicht undenkbar, dass Sie den Tod eines anderen Menschen verursachen oder an den Rollstuhl gefesselt sein werden. Sie können Millionär oder Erlöser der ganzen Menschheit werden, Friedensnobelpreisträger oder ein erleuchtetes Wesen.

2
Gefühle sind Leiden

Während vieler Jahre der Kontemplation und Selbstkasteiung blieb Siddhârtha unerschütterlich in seiner Entschlossenheit, die grundlegenden Ursachen des Leidens zu finden und sein eigenes Leiden und das der anderen zu lindern. Er machte sich auf nach Magadha im Zentrum von Indien, um seine Meditation fortzusetzen. Auf dem Weg begegnete er einem Grasverkäufer namens Sottiya, der ihm eine Handvoll Kusha-Gras schenkte. Siddhârtha erkannte dies als ein günstiges Zeichen, denn in der alten indischen Kultur galt Kusha-Gras als reinigende Substanz. Anstatt seine Reise fortzusetzen, beschloss er, dort zu bleiben und an Ort und Stelle zu meditieren. Er fand einen Platz auf flachen Steinen unter einem nahe gelegenen *Ficus-religiosa*-Baum und verwendete das Kusha-Gras als Matte. Still legte er ein Gelübde ab: *Dieser Körper mag vergehen und ich mag mich in Staub auflösen, aber ich werde nicht aufstehen, bevor ich die Antwort gefunden habe.*

Dass Siddhârtha in Kontemplation unter dem Baum saß, blieb nicht unbemerkt. Mâra, der König der Dämonen, hörte Siddhârthas Gelübde und spürte die Kraft seiner Entschlossenheit. Mâra konnte nicht mehr schlafen, denn er wusste: Siddhârtha besaß das Potential, sein ganzes Reich ins Chaos zu stürzen. Da er ein strategisch denkender Krieger war, sandte er fünf seiner schönsten Töchter aus, die den Prinzen ablenken und verführen sollten. Die Mädchen (wir nennen sie *Apsaras* oder Nymphen) machten sich voller Vertrauen auf ihre Verführungskünste auf den Weg. Doch als sie sich dem meditierenden Siddhârtha näherten, begann ihre Schönheit zu schwinden. Sie welkten dahin und alterten, es wuchsen ihnen Warzen und von ihrer Haut stieg Gestank auf. Siddhârtha rührte sich nicht. Niedergeschlagen kehrten die Apsaras zu ihrem Vater zurück, der vor Wut kochte. Wie konnte es jemand wagen, seine Töchter zu verschmähen! In seinem Zorn rief Mâra sein Gefolge zusammen, eine große Armee, die mit allen nur vorstellbaren Waffen ausgerüstet war.

Mâras Soldaten griffen mit voller Wucht an. Doch zu ihrer Bestürzung verwandelten sich alle Pfeile, Speere, Steine und Katapultgeschosse, die sie auf Siddhârtha abschossen, sobald sie in Reichweite ihres Ziels gelangten, in einen Regen von Blumen. Nachdem sie ihre Angriffe über viele Stunden erfolglos fortgesetzt hatten, waren Mâra und seine Krieger erschöpft und geschlagen. Schließlich kam Mâra zu Siddhârtha und versuchte, ihn mit all seinem diplomatischen Geschick dazu zu bringen, seine Suche aufzugeben. Doch Siddhârtha antwortete, er könne nach so vielen Leben, in denen er bereits um eine Lösung gerungen habe, nun nicht aufgeben. Mâra fragte: *Wie können wir sicher sein, dass du schon so lange darum ringst?* Siddhârtha antwortete: *Ich brauche keinen Beweis, die Erde ist mein Zeuge* – und mit diesen Worten berührte er mit einer Hand den Boden, die Erde bebte und Mâra verflüchtigte sich. Auf diese Weise gelangte Siddhârtha zur Befreiung und wurde zu einem Buddha. Er hatte den Pfad, das Leiden direkt an seiner Wurzel abzuschneiden – nicht nur für sich, sondern für alle Menschen – entdeckt. Der Ort seiner letzten Schlacht gegen Mâra wird heute Bodh-Gâyâ genannt und der Baum, unter dem er saß, „Bodhi-Baum".

Dies ist die Geschichte, die buddhistische Mütter ihren Kindern seit vielen Generationen erzählen.

Die Definition persönlichen Glücks

Es ist nicht angebracht, einen Buddhisten nach dem Sinn des Lebens zu fragen, weil die Frage suggeriert, dass es irgendwo da draußen, vielleicht in einer Höhle oder auf einem Berggipfel, einen endgültigen Sinn zu finden gibt. Die Frage suggeriert, wir könnten das Geheimnis entschlüsseln, wenn wir bei lebenden Heiligen studieren, Bücher lesen oder esoterische Praktiken meistern. Wenn die Frage auf der Annahme basiert, dass vor Äonen irgendjemand oder irgendein Gott ein Diagramm des Sinns des Lebens aufgestellt hat, dann ist das eine theistische Frage. Buddhisten glauben nicht, es gäbe einen allmächtigen Schöpfer, und sie stellen sich nicht vor, der Sinn des Lebens wäre bereits vorbestimmt und müsste nur noch definiert werden.

Eine angemessenere Frage an einen Buddhisten wäre: „Was ist das Leben?" Nachdem wir die Tatsache der Vergänglichkeit verstanden haben, sollte die Antwort klar sein: „Das Leben ist eine einzige Aneinanderreihung von zusammengesetzten Phänomenen, und insofern ist das Leben vergänglich." Es ist ständige Veränderung, eine Ansammlung von vorübergehenden Erfahrungen. Und obwohl es Myriaden von Lebensformen gibt, haben wir alle eines gemeinsam: kein Lebewesen möchte leiden. Wir alle wollen glücklich sein, von Präsidenten und Milliardären bis hin zu hart arbeitenden Ameisen, Bienen, Garnelen und Schmetterlingen.

Natürlich gibt es die unterschiedlichsten Definitionen von „Glück" und „Leiden" unter diesen Lebensformen und sogar innerhalb des relativ kleinen menschlichen Bereichs. Was für die einen „Leiden" bedeuten mag, könnte für andere „Glück" sein, und umgekehrt. Für einige Menschen bedeutet glücklich sein einfach nur Überleben, für andere bedeutet es, siebenhundert Paar Schuhe zu besitzen. Es gibt Menschen, die darüber glücklich sind, ein Bildnis von David Beckham auf ihren Bizeps tätowiert zu haben. Manchmal ist der Preis für das Glück des einen das Leben eines anderen Wesens, so als ob jemandes Glück davon abhängt, eine Haifischflosse, ein Hühnerbein oder den Penis eines Tigers zu bekommen. Manche finden das sanfte Kitzeln einer Feder erotisch, während andere Reibeisen, Peitschen und Ketten bevorzugen. König Edward der VIII. zog es vor, eine geschiedene Amerikanerin zu heiraten, anstatt die Krone des mächtigen British Empire zu tragen.

Selbst bei jedem Einzelnen verändern sich die Definitionen von „Glück" und „Leiden" immer wieder. Ein leicht beschwingter Flirt kann plötzlich umkippen, wenn eine Person eine ernsthaftere Beziehung wünscht – aus Hoffnung wird Angst. Wenn Sie ein Kind am Strand sind, bedeutet das Bauen von Sandburgen Glück. Als Teenager ist es Glück, die Mädchen in ihren Bikinis und die surfenden Jungs mit nacktem Oberkörper zu bestaunen. In der Mitte des Lebens bedeuten Geld und Karriere Glück. Und wenn Sie weit über achtzig sind, kann Glück bedeuten, Salzstreuer aus Keramik zu sammeln. Für viele Menschen besteht der Sinn des Lebens darin, diesen ständig wechselnden Definitionen von Glück nachzujagen.

Viele von uns lernen die Definitionen von „Glück" und „Leiden" durch die Gesellschaft, in der wir leben; die soziale Ordnung diktiert uns, wie wir Zufriedenheit messen sollen. Es ist eine Frage gemeinsamer Werte. Zwei Menschen von verschiedenen Enden der Welt können identische Gefühle erfahren – Lust, Ekel, Angst –, die auf total widersprüchlichen kulturellen Definitionen von Glück beruhen. Für Chinesen sind Hühnerfüße eine Delikatesse, während die Franzosen es lieben, die Leber von überfütterten Gänsen auf ihren Toast zu legen. Stellen Sie sich vor, wie die Welt aussähe, wenn es nie Kapitalismus gegeben hätte und jede Nation und jeder Mensch wirklich die pragmatische kommunistische Philosophie von Mao Zedong leben würde. Wir wären vollkommen glücklich ohne Einkaufszentren, ohne Nobelautos, ohne Starbucks-Cafés, ohne Konkurrenz, ohne eine große Kluft zwischen Arm und Reich, mit Gesundheitsversorgung für alle – und Fahrräder wären wertvoller als Geländewagen. Stattdessen bringt man uns bei, Dinge zu begehren. Vor einem Jahrzehnt waren Videorecorder in dem abgelegenen Himalaya-Königreich Bhutan das ultimative Symbol für Wohlstand. Inzwischen hat dort der Toyota Land Cruiser Club den Video-Club als ultimative Vision von Reichtum und Glück abgelöst.

Die Gewohnheit, die Standards der Gruppe als die eigenen anzusehen, wird bereits im frühen Kindheitsstadium ausgebildet. In der ersten Klasse sehen Sie, dass all die anderen Kinder ein bestimmtes

Federmäppchen haben. Sie entwickeln ein „Bedürfnis", auch ein solches zu besitzen, um so zu sein wie die anderen. Sie bitten Ihre Mutter, Ihnen auch solch ein Federmäppchen zu kaufen, und ob sie es tut oder nicht, entscheidet über Ihren Grad an Glück. Dies setzt sich bis in Ihr Erwachsenenleben fort. Die Leute von nebenan haben einen Plasma-Bildschirm oder einen neuen sportlichen Hummer, also wollen Sie das auch – nur größer und neuer. Konkurrenz und Verlangen nach dem, was andere haben, gibt es auch auf der kulturellen Ebene. Häufig schätzen wir die kulturellen Sitten und Gebräuche anderer höher als die eigenen. Vor kurzem beschloss ein Lehrer in Taiwan, seine Haare lang zu tragen, wie es in China Jahrhunderte lang üblich war. Er sah elegant aus, wie ein früherer chinesischer Krieger, aber der Schulleiter drohte ihm, ihn zu entlassen, wenn er sich nicht „ordentlich benehmen könne", was bedeutete, einen Kurzhaarschnitt nach westlichem Stil des einundzwanzigsten Jahrhunderts zu tragen. Jetzt sehen seine gestutzten Haare aus, als hätte er einen Elektroschock bekommen.

Es ist ziemlich erstaunlich zu beobachten, wie die Chinesen sich ihrer eigenen Wurzeln schämen, doch wir können viele solche Ausdrucksformen des asiatischen Überlegenheits- und gleichzeitigen Minderwertigkeits-Komplexes beobachten. Einerseits sind die Asiaten stolz auf ihre Kultur, und doch finden sie diese andererseits irgendwie anstößig und rückständig. Sie haben diese in fast allen Lebensbereichen durch westliche Kultur ersetzt – in Kleidung, Musik, Moral – und sogar westliche politische Systeme übernommen.

Sowohl auf der persönlichen als auch auf der kulturellen Ebene nehmen wir fremde oder äußerliche Methoden an, um Glück zu erlangen und Leiden zu überwinden, und begreifen nur selten, wie diese Methoden oft das Gegenteil der beabsichtigten Ergebnisse hervorbringen. Unser Unvermögen zur Anpassung lässt uns weiterhin unglücklich sein, nicht nur, weil wir noch immer leiden, sondern auch, weil wir uns unserem eigenen Leben entfremdet haben und nicht mehr in das System passen.

Einige dieser kulturellen Definitionen von „Glück" funktionieren in einem gewissen Rahmen. In einem allgemeinen Sinne machen uns ein bisschen Geld auf der Bank, eine bequeme Unterkunft, genug zu essen, vernünftige Schuhe und andere grundlegende Annehmlichkeiten tatsächlich glücklich. Doch dann gibt es die Sadhus in Indien und die wandernden Einsiedler in Tibet, die sich glücklich fühlen, weil sie keinen Bedarf für einen Schlüsselring haben – sie haben keine Angst, ihre Besitztümer könnten gestohlen werden, weil sie nichts haben, was sie wegschließen müssten.

Institutionalisierte Definitionen von „Glück"

Lange bevor er den berühmten Platz in Bodh-Gâyâ erreichte, saß Siddhârtha sechs Jahre lang unter einem anderen Baum. Seine Ernährung bestand nur aus ein paar Reiskörnern und einigen Tropfen Wasser, und so magerte er total ab, er badete nicht und schnitt sich nicht die Nägel. All das machte ihn zum Vorbild für seine Gefährten, die anderen spirituellen Sucher, mit denen er zusammen praktizierte. Er war so diszipliniert, dass die ansässigen Hirtenjungen ihn mit einem Grashalm an den Ohren kitzeln oder ihm mit einem Horn ins Gesicht posaunen konnten, ohne dass sie ihn irgendwie aufzustören vermochten. Doch nach vielen entbehrungsreichen Jahren begriff er: *Das ist es nicht. Dies ist ein extremer Weg und nur eine andere Art von Falle, wie es die Kurtisanen, Pfauengärten und juwelenbesetzten Löffel gewesen sind.* Und er beschloss, sich aus diesem Zustand der Selbstkasteiung zu erheben und im nahe gelegenen Nairanjana-Fluss (heute Phalgu genannt) zu baden. Zum hellen Entsetzen seiner Gefährten nahm er sogar etwas frische Milch von einem Hirtenmädchen namens Sujata an. Es heißt, sie wandten sich daraufhin von Siddhârtha ab, weil sie glaubten, er würde einen schlechten moralischen Einfluss auf sie haben und seine Gegenwart würde ihre Praxis hemmen.

Man kann verstehen, warum diese Asketen Siddhârtha verließen, da er die Gelübde gebrochen hatte. Menschen haben schon immer versucht, Glück nicht nur durch materiellen Gewinn, sondern auch durch spirituelle Methoden zu finden. Ein Großteil der Weltgeschichte dreht sich um Religion. Religionen vereinen Menschen durch ihren erleuchteten Pfad und ihre Verhaltensregeln: liebe deinen Nächsten, übe Großzügigkeit und die Goldene Regel, meditiere, faste und bringe Opfer dar. Doch diese dem Anschein nach hilfreichen Prinzipien können zu einem extremen, puritanischen Dogma werden, welches dazu führt, dass Menschen sich unnötig schuldig und wertlos fühlen. Es ist nicht ungewöhnlich, dass ein Strenggläubiger in vollkommener Intoleranz arrogant auf andere Religionen herabblickt und sein Glaubenssystem zur Rechtfertigung kultureller Unterdrückung oder gar tatsächlichen Völkermords benutzt. Die Beispiele für diese Art von zerstörerischer Gläubigkeit und Fanatismus sind zahllos und überall vorhanden.

Menschen verlassen sich nicht nur auf organisierte Religionen, sondern auch auf die gängige Meinung – oder sogar auf politische Slogans –, um Glück zu erlangen und ihre Leiden zu lindern. Theodore Roosevelt sagte einmal: „Wenn ich mich zwischen Rechtschaffenheit und Frieden entscheiden müsste, würde ich Rechtschaffenheit wählen." Aber wessen Rechtschaffenheit? Wessen Interpretationen sollten wir folgen? Extremismus besteht einfach darin, eine Form der Rechtschaffenheit unter Ausschluss aller anderen zu wählen.

Ein anderes Beispiel ist die Weisheit des Konfuzius. Es ist leicht zu erkennen, dass Regeln wie etwa die Älteren zu respektieren, ihnen zu gehorchen und die Schwächen und Fehler der Familie und der Nation nicht zu offenbaren, sehr verlockend sind. Seine Weisheit ist ausgesprochen pragmatisch und kann sehr nützlich für das Funktionieren in dieser Welt sein. Konfuzius' Lehren mögen kluge Richtlinien sein, aber in vielen Fällen haben diese Regeln zu äußerst negativen Ergebnissen geführt, wie etwa zu Zensur und Unterdrückung abweichender Meinungen. So hat zum Beispiel die Besessenheit der Chinesen, ihr „Gesicht zu wahren" und den Älteren zu gehorchen, jahrhundertelang zu Lug und Trug gegenüber den nächsten Nachbarn und gegenüber ganzen Nationen geführt.

Angesichts dieser Geschichte ist die tief sitzende Heuchelei vieler asiatischer Staaten wie China und Singapur nicht verwunderlich. Die Regierenden vieler Länder verdammen den Feudalismus und die Monarchie und rühmen sich, ein demokratisches oder kommunistisches System zu vertreten. Aber genau dieselben Führer, die von ihren Untertanen verehrt und deren Missetaten geheim gehalten werden, werden ihren Posten bis zum letzten Atemzug behalten – oder bis ein von ihnen persönlich eingesetzter Erbe ihn übernehmen kann. Seit den Zeiten des alten Feudalsystems hat sich kaum etwas verändert. Gesetze und das Rechtswesen sind dazu bestimmt, den Frieden zu wahren und eine harmonische Gesellschaft zu schaffen, aber in vielen Fällen arbeitet die Strafjustiz zugunsten der Schurken und der Reichen, während die Armen und Unschuldigen unter ungerechten Gesetzen leiden.

Wir Menschen sind mehr mit der Jagd nach Glück und dem Abwehren von Leiden beschäftigt als mit irgendeinem anderen Hobby oder Beruf, wobei wir zahllose Methoden und Hilfsmittel benutzen. Deshalb haben wir Fahrstühle, Laptop-Computer, wiederaufladbare Batterien, elektrische Geschirrspülmaschinen, Toaster, die den Toast auswerfen, wenn er gerade richtig gebräunt ist, Staubsauger für Hundescheiße, batteriebetriebene Nasenhaarschneider, Toiletten mit beheizbaren Sitzen, Novocain[3], Handys, Viagra und Auslegeware. Aber all diese Annehmlichkeiten bereiten uns unausweichlich in gleichem Maße Kopfschmerzen.

Länder verfolgen Glück und das Beenden des Leidens in großem Stil, indem sie um Territorien, Öl, Weltraum, Finanzmärkte und Macht kämpfen. Sie führen Präventivkriege, um voraussichtliches Leiden zu verhindern. Auf individueller Ebene tun wir das Gleiche, wenn wir zur medizinischen Vorsorge gehen, Vitamine einnehmen, wegen Impfungen und Bluttests zum Arzt gehen und unseren ganzen Körper mittels Computertomographie durchleuchten lassen. Wir fahnden nach Zeichen drohenden Leidens. Und finden wir erst einmal das Leiden, versuchen wir sofort, es zu kurieren. Jedes Jahr versucht man mit neuen Techniken, Medikamenten und Selbsthilfebüchern lang anhaltende Lösungen gegen das Leiden zu finden, um im Idealfall das Problem mit seiner Wurzel auszumerzen.

Auch Siddhârtha versuchte, das Leiden an seiner Wurzel abzuschneiden. Aber er erträumte sich keine Lösungen wie eine politische Revolution zu schüren, auf einen anderen Planeten auszuwandern oder eine neue Weltwirtschaftsordnung zu begründen. Ja – er dachte nicht einmal daran, eine Religion zu gründen oder einen Verhaltenskodex zu schaffen, die Frieden und Harmonie bringen sollten. Siddhârtha erforschte das Leiden mit einem offenen Geist, und durch seine unermüdliche Kontemplation entdeckte er, dass unsere Gefühle die Wurzel des Leidens sind. Im Grunde *sind sie* Leiden. Auf die eine oder andere Art, ob direkt oder indirekt, sind alle Gefühle aus Egoismus geboren und zwar in dem Sinne, dass sie ein Festhalten am Ich beinhalten. Er entdeckte weiterhin, dass wir nicht unsere Gefühle *sind,* so real diese auch daherkommen mögen. Sie sind weder angeboren, noch sind sie eine Art Fluch oder ein Implantat, das irgendjemand oder ein Gott uns aufgezwungen hat. Gefühle tauchen auf, wenn besondere Ursachen und Bedingungen zusammenkommen, etwa wenn wir glauben, jemand kritisiere oder ignoriere uns oder bringe uns um einen Gewinn. Dann entstehen die entsprechenden Gefühle. In dem Augenblick, in dem wir diese Gefühle annehmen und ihnen Glauben schenken, sind wir unbewusster geworden und haben unsere geistige Gesundheit verloren. Wir „regen uns auf". Also fand Siddhârtha eine Lösung – die Achtsamkeit. Wenn wir das Leiden ernsthaft ausmerzen wollen, müssen wir Achtsamkeit kultivieren, uns unseren Gefühlen zuwenden und lernen, wie wir es vermeiden können, uns aufzuregen.

Wenn wir unsere Gefühle untersuchen, wie Siddhârtha es getan hat, und versuchen, ihren Ursprung zu erkennen, werden wir feststellen, wie sie in Missverständnissen wurzeln und daher im Grunde fehlerhaft sind. Alle Gefühle sind im Grunde eine Form von Vorurteil; in jeder Emotion gibt es immer ein Element des Urteilens.

Beispielsweise erscheint uns eine Fackel, die in einer gewissen Geschwindigkeit im Kreis geschwungen wird, als Ring aus Feuer. Im Zirkus finden das unschuldige Kinder und sogar einige Erwachsene unterhaltsam und bezaubernd. Sehr junge Kinder unterscheiden die Hand nicht von der Flamme und der Fackel. Sie glauben, das, was sie sehen, sei real; sie erliegen der optischen Täuschung des Rings. Solange die Täuschung andauert, und wenn es auch nur einen Augenblick ist, sind sie vollkommen und zutiefst davon überzeugt. Auf ähnliche Weise täuschen sich viele Menschen in Hinsicht auf die Erscheinung ihres eigenen Körpers. Wenn wir den Körper ansehen, denken wir an ihn nicht in Begriffen seiner einzelnen Teile von Molekülen, Genen, Adern und Blut. Wir denken uns den Körper als etwas Ganzes und bilden das Vorurteil, dass er ein wirklich existierender Organismus namens „Körper" sei. Da wir von seiner Realität überzeugt sind, wünschen wir uns zuerst einmal einen flachen Bauch, künstlerische Hände, eine stattliche Größe, dunkle und attraktive Züge oder eine kurvenreiche Figur. Dann sind wir völlig besessen von diesen Vorstellungen und investieren in die Mitgliedschaft in einem Fitness-Studio, in Feuchtigkeitscremes, Schlankheitstees, die Weight-Watchers-Diät, in Yoga, Bauchmuskelübungen und Lavendelöl.

Genau wie Kinder, die vom Ring aus Feuer fasziniert sind und vielleicht sogar Angst davor haben, haben wir Gefühle hinsichtlich unserer körperlichen Erscheinung und unseres Wohlbefindens. Was den Ring aus Feuer angeht, wissen Erwachsene im Allgemeinen, dass dies bloße Illusion ist und regen sich nicht darüber auf. Indem wir grundlegende Vernunft benutzen, können wir erkennen, dass der Feuerring aus zusammengesetzten Teilen besteht – der Bewegung einer Hand, die eine brennende Fackel hält. Ein ungeduldiges älteres Geschwisterkind wird sich dem jungen Kind gegenüber vielleicht arrogant oder herablassend verhalten. Weil wir jedoch auch als reife Erwachsene den Ring noch erkennen können, können wir die Faszination des Kindes verstehen, besonders wenn es dunkel ist und Tänzer, Trance-Musik und anderer Tumult das Spektakel begleiten. Dann kann es sogar für uns Erwachsene aufregend sein, obwohl wir uns seiner grundlegend illusorischen Qualität bewusst sind. Nach Siddhârtha ist dieses Verständnis der Same von Mitgefühl.

Die unermessliche Vielfalt der Gefühle

Als seine Meditation tiefer wurde, begann Siddhârtha die essenziell illusorische Qualität aller Phänomene zu sehen, und mit diesem Verständnis blickte er zurück auf sein früheres Leben im Palast, auf die Feste und Pfauengärten, auf seine Familie und Freunde. Er erkannte, dass die sogenannte Familie wie ein Gästehaus oder ein Hotel ist, in dem verschiedene Gäste abgestiegen und zeitweilig miteinander verbunden sind. Schließlich zerstreut sich dieses Konglomerat an Wesen wieder – spätestens zum Zeitpunkt des Todes. Solange sie beisammen sind, kann die Gruppe eine Verbindung aufbauen, die Vertrauen, Verantwortung, Liebe und gemeinsame Maßstäbe für Erfolg und Versagen umfasst, was zu allen möglichen Dramen führt.

Siddhârtha konnte deutlich sehen, wie leicht sich Menschen von der Vorstellung eines idyllischen Familienlebens, von Zusammensein und all den faszinierenden Phänomenen des Palastlebens mitreißen lassen. Andere sahen das nicht so wie er oder wie ein Erwachsener den Feuerring ansehen würde, dass nämlich alles nur aus illusorischen, zusammengesetzten Teilen besteht und ohne eigenständige Existenz ist. Doch wie ein freundlicher Elternteil war der Buddha gegenüber unserer Fasziniertheit nicht arrogant oder herablassend. Er sah, dass es in diesem Kreislauf nichts Böses und nicht Gutes gibt. Es gibt keinen Fehler, also gibt es auch niemanden, der schuldig wäre – und das gab ihm die Freiheit, großes Mitgefühl zu empfinden.

Siddhârtha sah nicht nur über die Oberflächlichkeit des Palastlebens hinaus, sondern er konnte jetzt auch erkennen, dass sein eigener physischer Körper ohne eigenständige Existenz war. Für ihn hatten der Feuerring und der Körper die gleiche Natur. Solange man glaubt, diese Dinge existierten wahrhaftig – sei es momentan oder „bis in alle Ewigkeit" –, gründet sich der Glaube auf ein Missverständnis. Dieses Missverständnis ist nichts anderes als ein Mangel an Gewahrsein. Und wenn das Gewahrsein verloren gegangen ist, haben wir das, was Buddhisten Unwissenheit nennen. Genau aus dieser Unwissenheit entstehen unsere Gefühle. Wie wir sehen werden, lässt sich dieser Prozess vom Verlust des Gewahrseins bis zum Entstehen von Gefühlen mittels der vier Wahrheiten vollkommen erklären.

Es gibt im weltlichen Bereich eine unermessliche Vielfalt an Gefühlen. Jeden Augenblick werden unzählige Gefühle produziert, die auf unseren Fehlurteilen, Vorurteilen und unserer Unwissenheit basieren. Liebe und Hass, Schuld und Unschuld, Hingabe, Pessimismus, Eifersucht und Stolz, Angst, Scham, Traurigkeit und Freude sind uns vertraut, aber es gibt wesentlich mehr. Manche Kulturen haben Wörter für Gefühle, die in anderen Kulturen nicht benannt sind und daher dort nicht existieren. In einigen Teilen Asiens gibt es kein Wort für romantische Liebe, während die Spanier zahlreiche Wörter für verschiedene Arten von Liebe kennen. Nach Ansicht der Buddhisten gibt es unzählige Gefühle, die noch in keiner Sprache benannt sind – und sogar noch mehr, die unsere Fähigkeit übersteigen, sie in unserer logischen Welt zu definieren. Manche Gefühle scheinen rational zu sein, aber die meisten sind irrational. Manche scheinbar friedlichen Gefühle gründen sich in Wirklichkeit auf Aggression. Manche sind fast nicht wahrnehmbar. Wir mögen glauben, jemand sei vollkommen teilnahmslos oder abgeklärt, aber auch das ist ein Gefühl.

Gefühle können ziemlich kindisch sein. So mag es sein, dass Sie wütend werden, weil ein anderer Mensch *nicht* wütend ist und

Sie glauben, er sollte es sein. Oder Sie ärgern sich an einem Tag, dass Ihr Partner zu besitzergreifend ist, und am nächsten, dass er nicht besitzergreifend genug ist. Manche Gefühle sind für einen zufälligen Beobachter eher amüsant – etwa wenn Prinz Charles, als er sich unbelauscht fühlte, beim Flirten mit seiner damaligen Geliebten Camilla Parker Bowles bemerkte, er hätte nichts dagegen, als ihr Tampon wiedergeboren zu werden. Manche Gefühle manifestieren sich als Arroganz, wie etwa, wenn die Bewohner des Weißen Hauses der Welt ihre Vorstellungen von Freiheit aufoktroyieren. Anderen unsere persönlichen Ansichten mit Gewalt, Erpressung, Betrug oder subtiler Manipulation aufzuzwingen, ist ebenfalls ein Teil unserer emotionalen Aktivität. Nicht wenige Christen und Muslime haben eine Leidenschaft dafür, Ungläubige zu konvertieren, damit sie dem Höllenfeuer und der Verdammung entkommen, während die Existentialisten eifrig versuchen, Fromme zu Heiden zu machen. Gefühle kommen auch in der Form lächerlichen Stolzes daher, etwa wenn Inder patriotische Gefühle einem Indien gegenüber hegen, das von ihren britischen Unterdrückern geformt wurde. Viele patriotische Amerikaner fühlten sich in ihrer selbstgerechten Ansicht bestätigt, als Präsident Bush von der Brücke des Flugzeugträgers *USS Abraham Lincoln* den Sieg über den Irak verkündete, obwohl der Krieg in Wirklichkeit gerade erst begonnen hatte. Die verzweifelte Suche nach Anerkennung ist ebenfalls ein Gefühl: Denken Sie an Malaysia, Taiwan und China, die miteinander wetteifern, wer von ihnen das höchste Gebäude der Welt bauen kann – als wäre das der Beweis für ihre Potenz. Gefühle können krank und verdreht sein, bis hin zu Pädophilie und Bestialität führen. Der Kannibale von Rotenburg suchte sogar über das Internet nach einem jungen Mann, der getötet und verspeist werden wollte. Er erhielt zahlreiche Angebote und hat tatsächlich einen der Antwortenden getötet und verzehrt.

Der Sache auf den Grund gehen: das (nicht existierende) Ich

All diese vielfältigen Gefühle und ihre Konsequenzen basieren auf einem Missverstehen, und dieses Missverständnis stammt aus einer Quelle, welche die Wurzel aller Unwissenheit ist – dem Festhalten am Ich.

Wir nehmen an, jeder von uns habe ein Selbst und dass es ein Ding namens „Ich" gibt. Doch das Ich ist lediglich ein weiteres Missverständnis. Wir fabrizieren im Allgemeinen eine Auffassung vom Ich, die sich wie ein festes Gebilde anfühlt. Wir sind dazu konditioniert, diese Auffassung als beständig und real anzusehen. Wir denken *Ich bin diese Form*, wenn wir die Hand heben. Wir denken, *Ich habe Form, dies ist mein Körper*. Wir glauben, *Die Form bin ich, ich bin groß*. Wir denken, *Ich lebe in dieser Form* und zeigen auf unsere Brust. Das Gleiche tun wir mit Gefühlen, Wahrnehmungen und Handlungen. *Ich habe Gefühle – Ich bin meine Wahrnehmungen* ... Aber Siddhârtha erkannte, dass nirgendwo ein unabhängiges Ding aufzufinden ist, das man als das Ich bezeichnen könnte, weder innerhalb noch außerhalb des Körpers. Genau wie die optische Illusion des Feuerrings ist auch das Ich eine Illusion. Es ist ein Irrtum, von Grund auf täuschend und letztlich nicht existent. Aber so, wie wir uns von dem Feuerring mitreißen lassen, werden wir von dem Gedanken mitgerissen, wir seien das Ich. Wenn wir unseren eigenen Körper, unsere Gefühle, Wahrnehmungen, Handlungen und unser Bewusstsein betrachten, sehen wir, dass dies verschiedene Elemente dessen sind, was wir für das „Ich" halten. Aber würden wir sie untersuchen, würden wir feststellen, dass „Ich" keinem von ihnen innewohnt. An der Täuschung des Ich festzuhalten ist ein lächerlicher Akt von Unwissenheit; es hält die Unwissenheit aufrecht und führt zu allen möglichen Schmerzen und Enttäuschungen. Alles, was wir in unserem Leben tun, hängt davon ab, wie wir „uns selbst", unser „Ich", wahrnehmen. Wenn also diese Wahrnehmung auf Missverständnissen beruht, was sie unausweichlich tut, dann durchdringen diese Missverständnisse alles, was wir sehen, tun und erfahren. Hier geht es nicht nur um ein Kind, das Licht und Bewegung fehlinterpretiert – unsere gesamte Existenz gründet sich auf überaus fadenscheinige Prämissen.

Sobald Siddhârtha gefunden hatte, dass es kein Ich gibt, war auch klar, dass es kein an sich existierendes Böses gibt – nur Unwissenheit. Er kontemplierte insbesondere die Unwissenheit, die Benennung „Ich" zu schaffen, sie auf ein zusammengesetztes Phänomen ohne jegliche Grundlage zu projizieren, ihm große Bedeutung zuzuschreiben und sich dann abzurackern, um es zu beschützen. Diese Unwissenheit, stellte er fest, führt direkt zu Leiden und Schmerz.

Unwissenheit ist einfach die Unkenntnis der Fakten, eine falsche Sicht der Fakten oder unvollständiges Wissen. Alle diese Formen der Unwissenheit führen zu Missverständnissen und Fehlinterpretationen, Überschätzung oder Unterschätzung. Stellen Sie sich vor, Sie suchten nach Ihrem Freund und sähen ihn auf einem Feld in der Ferne stehen. Wenn Sie näher kommen, stellen Sie fest, dass Sie eine Vogelscheuche für Ihren Freund gehalten haben. Sie sind bestimmt enttäuscht. Aber es ist nicht so, dass die böse Vogelscheuche oder Ihr Freund versucht hätten, Sie auf hinterhältige Weise in die Irre zu führen. Es war vielmehr Ihre eigene Unwissenheit, die Sie betrogen hat. Alles, was wir tun, das aus dieser Unwissenheit entsteht, ist spekulativer Natur. Wenn wir ohne Verständnis oder mit unvollständigem Verständnis handeln, gibt es keine Grundlage für Vertrauen. Unsere grundlegende Unsicherheit entsteht und schafft all diese benannten oder unbenannten, bemerkten oder unbemerkten Gefühle. Der einzige Grund, aus dem wir vertrauensvoll annehmen, dass wir den nächsten Treppenabsatz erreichen werden oder dass unser Flugzeug abheben und sicher an seinem Ziel landen wird, ist, dass wir uns seliger Unwissenheit erfreuen. Aber dieses Glück währt nicht lange, denn das Glück der Unwissenheit ist nichts anderes als ständige Überschätzung, der Glaube, dass die Wahrscheinlichkeit die Dinge schon zu unseren Gunsten ausfallen lassen wird, und eine Unterschätzung der möglichen Hindernisse.

Natürlich kommen oft genug Ursachen und Bedingungen zusammen und die Dinge geschehen so, wie wir es erwartet haben; aber wir halten diesen Erfolg für selbstverständlich. Wir benutzen ihn als Beweis dafür, dass es nicht anders sein kann und unsere Annahmen gut begründet sind. Aber solche Annahmen sind nur Nahrung für Missverständnisse. Jedes Mal, wenn wir etwas annehmen – zum Beispiel, dass wir unseren Ehepartner verstehen –, entblößen wir uns wie eine offene Wunde. Annahmen und Erwartungen, die sich auf jemand anderen oder auf etwas anderes stützen, machen uns verletzlich. Jeden Moment könnte einer der unzähligen möglichen Widersprüche auftreten und Salz in die Wunde unserer Annahmen streuen und uns in Heulen und Zähneklappern ausbrechen lassen.

Gewohnheit, die Verbündete des Ich

Die wahrscheinlich größte Entdeckung in der Geschichte der Menschheit war Siddhârthas Erkenntnis, dass das Ich nicht unabhängig existiert, dass es eine reine Bezeichnung ist und an ihm festzuhalten daher Unwissenheit bedeutet. Doch so unbegründet die Bezeichnung *Ich* auch sein mag, es zu zerstören ist keine leichte Aufgabe. Von allen Konzepten, die es zu zerstören gilt, ist diese Bezeichnung namens „Ich" das störrischste.

Siddhârthas Entdeckung des Irrtums vom Ich wird durch die Geschichte der Zerstörung Mâras symbolisiert. Mâra, der traditionell als der böse Herr des Bereichs der Begierde gilt, ist nichts anderes als Siddhârthas Festhalten am Ich. Es ist durchaus passend, wenn Mâra als stattlicher und machtvoller Krieger dargestellt wird, der niemals bezwungen wurde. Wie Mâra ist auch das Ich machtvoll und unersättlich, egozentrisch und trügerisch, gierig nach Aufmerksamkeit, schlau und eitel. Es ist schwer, sich daran zu erinnern, dass das Ich – wie die Illusion des Feuerrings – zusammengesetzt ist, nicht unabhängig existiert und dem Wandel unterworfen ist.

Gewohnheit macht uns dem Ich gegenüber schwach. Selbst schlichte Gewohnheiten sind nur schwer auszumerzen. Sie sind sich vielleicht der Tatsache bewusst, dass Rauchen schlecht für Ihre Gesundheit ist, aber das überzeugt Sie nicht unbedingt, mit dem Rauchen aufzuhören – besonders wenn Sie das Ritual lieben, die schlanke Form der Zigarette, die Art, wie der Tabak glimmt und der duftende Rauch sich um Ihre Finger ringelt. Aber die Gewohnheit des Ich ist keine einfache Abhängigkeit wie das Zigarettenrauchen. Schon seit undenklichen Zeiten waren wir süchtig nach dem Ich. Mit dem Ich identifizieren wir uns, es ist eben das, was wir am meisten lieben. Allerdings ist das Ich auch das, was wir manchmal am meisten hassen. Trotzdem ist seine Existenz die Sache, an deren Bestätigung wir am härtesten arbeiten.

Beinahe alles, was wir tun, denken oder haben – einschließlich unseres spirituellen Weges – ist ein Mittel, die Existenz des Ich zu bestätigen. Es ist das Ich, das Versagen fürchtet und sich nach Erfolg sehnt, das die Hölle fürchtet und sich nach dem Himmel sehnt. Das Ich hasst das Leiden und liebt die Ursachen für das Leiden. Es führt blödsinnige Kriege im Namen des Friedens. Es wünscht sich Erleuchtung, hasst aber den Weg zur Erleuchtung. Es möchte arbeiten wie ein Sozialist, aber leben wie ein Kapitalist. Wenn sich das Ich einsam fühlt, sehnt es sich nach Freundschaft. Seine Besitzgier nach jenen, die es liebt, manifestiert sich in einer Leidenschaft, die zu Aggression führen kann. Seine vermeintlichen Feinde – wie etwa spirituelle Wege, die darauf angelegt sind, das Ego zu überwinden – werden oft korrumpiert und als Verbündete des Ich rekrutiert. Seine Raffinesse beim Spielen des Spiels der Täuschung ist nahezu vollkommen. Wie eine Seidenraupe webt es einen Kokon um sich selbst. Aber anders als eine Seidenraupe findet es den Ausgang nicht mehr.

Der Kampf mit dem Ich

Während der Schlacht in Bodh-Gâyâ setzte Mâra eine Vielfalt von Waffen gegen Siddhârtha ein. Er verwendete eine ganz besondere Sammlung von Pfeilen. Jeder Pfeil besaß verheerende Kräfte: der Pfeil, der Verlangen weckt; der Pfeil, der geistige Dumpfheit verursacht; der Pfeil, der Stolz verursacht; der Pfeil, der Konflikt hervorruft; der Pfeil, der Arroganz hervorruft; der Pfeil, der blinde Besessenheit verursacht und der Pfeil, der Unbewusstheit verursacht – um nur einige zu nennen. In den buddhistischen Sûtras können wir lesen, dass Mâra in jedem von uns unbezwungen bleibt – er richtet seine vergifteten Pfeile ständig auf uns. Wenn wir von Mâras Pfeilen getroffen werden, werden wir zuerst taub, doch dann breitet sich das Gift durch unser Wesen aus und zerstört uns schleichend. Wenn wir unsere Wachheit verlieren und am Ich festhalten, ist das Mâras betäubendes Gift. Mit Sicherheit folgen destruktive Gefühle, die sich langsam in unserem Wesen ausbreiten.

Wenn man vom Pfeil des Verlangens getroffen wird, verlässt uns jeglicher gesunde Menschenverstand; alle Nüchternheit und geistige Gesundheit schwinden dahin, während falsche Würde, Dekadenz und Unmoral einsickern. Sind wir erst einmal vergiftet, dann machen wir vor nichts Halt, um zu bekommen, was wir wollen. Mancher, der vom Pfeil der Leidenschaft getroffen wurde, findet vielleicht sogar ein auf den Strich gehendes Nilpferd sexy, selbst wenn ein hübsches Mädchen zu Hause treu auf ihn wartet. Wie Motten zum Licht fliegen und Fische nach dem Köder am Haken schnappen, sind schon viele Menschen auf dieser Erde in die Falle ihres Verlangens nach Essen, Ruhm, Lob, Geld, Schönheit und Respekt gegangen.

Leidenschaft kann sich auch als Machtgier manifestieren. Führer, die von einer solchen Leidenschaft ergriffen wurden, kümmern sich oft nicht im Geringsten darum, wie ihre Machtgier den Planeten zerstört. Gäbe es nicht die Gier gewisser Leute nach Reichtum, führen auf unseren Straßen solarbetriebene Autos und niemand würde hungern. Solche Fortschritte sind technologisch und physisch machbar, aber auf einer emotionalen Ebene offenbar nicht möglich. Und unterdessen schimpfen wir auf die Ungerechtigkeit und geben Leuten wie George W. Bush die Schuld. Selbst von den Pfeilen der Gier getroffen, bemerken wir nicht, dass es unser eigenes Verlangen ist – nach der Annehmlichkeit billig importierter elektronischer Geräte und nach Luxusartikeln wie Geländewagen –, welches im Grunde die Kriege unterstützt, die unsere Welt verwüsten. Jeden Tag sind zur Hauptverkehrszeit in Los Angeles die Fahrspuren für Busse und Fahrgemeinschaften frei, während Tausende von Autos den Rest der Straße verstopfen, jedes nur mit einer Person besetzt. Selbst jene Menschen, die in Demonstrationen „Kein Blut für Öl!" fordern, sind doch auf das Öl angewiesen, damit die Kiwifrüchte für ihren Milchshake importiert werden können.

Mâras Pfeile schaffen endlose Konflikte. In der ganzen Menschheitsgeschichte haben Vertreter der Religionen unter Beweis gestellt, dass sie ebenso machthungrig sind wie alle anderen. Sie manipulieren ihre Anhänger, indem sie ihnen mit der Hölle drohen oder ihnen das Paradies versprechen. Heute können wir beobachten, wie Politiker im Wahlkampf die Manipulation ihrer Wähler so weit treiben, dass sie ohne Skrupel unschuldige Länder mit Tomahawk-Marschflugkörpern bombardieren, wenn das die öffentliche Meinung zu ihren Gunsten beeinflussen kann. Wen kümmert es, ob man den Krieg gewinnt, solange man die Wahlen gewinnt? Andere Politiker tragen scheinheilig Religion zur Schau, lassen sich anschießen, produzieren Helden und inszenieren Katastrophen, und all das nur, um ihre Machtgier zu befriedigen.

Wenn das Ich von Stolz erfüllt ist, offenbart es auf die vielfältigste Weise Engstirnigkeit, Rassismus, Zerbrechlichkeit, Furcht vor Ablehnung, Angst vor Verletzung, Mangel an Sensibilität, um nur einige zu nennen. Aus männlichem Stolz haben Männer die Energie und die Beiträge von über der Hälfte der menschlichen Rasse zu Zivilisation und Kultur erstickt – nämlich die der

Frauen. Bei der Liebeswerbung kommt bei den Partnern Stolz ins Spiel, wobei auf beiden Seiten ständig abgeschätzt wird, ob die andere Person wohl gut genug für einen selbst oder ob man selbst gut genug für die andere Person ist. Stolze Familien geben ein Vermögen für eine einen Tag dauernde Hochzeit aus, ob die Ehe nun halten wird oder nicht, während im selben Dorf Menschen Hungers sterben. Ein Tourist macht eine Schau daraus, einem Portier zehn Euro dafür in die Hand zu drücken, dass er ihm eine Tür aufhält, und in der nächsten Minute feilscht er um ein T-Shirt für fünf Euro bei einer Händlerin, die ihr Baby und ihre Familie zu ernähren versucht.

Stolz und Selbstmitleid liegen eng beieinander. Zu glauben, Ihr Leben sei schwerer und trauriger als das jedes anderen, ist einfach ein Ausdruck des Festhaltens am Ich. Wenn das Ich Selbstmitleid entwickelt, schließt es jeglichen Raum, für andere Mitleid zu empfinden, aus. In dieser unvollkommenen Welt haben so viele Menschen gelitten und tun es noch, aber das Leiden mancher Menschen wurde als „besonders" kategorisiert. Obgleich es darüber tatsächlich keine Statistiken gibt, kann man wohl mit Sicherheit sagen, dass die Anzahl der im Rahmen der Kolonialisierung Nordamerikas durch die Europäer niedergemetzelten Ureinwohner mindestens genauso groß ist wie die anderer anerkannter Völkermorde. Und dennoch gibt es keinen allgemein verbreiteten Begriff wie etwa „Antisemitismus" oder „Holocaust" für dieses unvorstellbare Gemetzel.

Für die von Stalin und Mao Zedong angeordneten Massenmorde gibt es ebenfalls keine wiedererkennbaren Bezeichnungen, ganz zu schweigen von teuren Museen, Gerichtsverfahren zur Wiedergutmachung und endlosen Dokumentationen und Dokumentarfilmen. Muslime schreien, sie würden verfolgt, und vergessen dabei die Zerstörung, die ihre Mogul-Vorfahren angerichtet haben, als sie weite Teile Asiens als Missionare eroberten. Die Spuren ihrer Verwüstung sind heute noch sichtbar: die zerschmetterten Ruinen von Denkmälern und Tempeln, die einst aus Liebe zu einem anderen Gott errichtet wurden.

Es gibt auch den Stolz, einer bestimmten Schule oder Religion anzugehören. Christen, Juden und Muslime glauben alle an den gleichen Gott und sind in gewissem Sinne Brüder. Doch aufgrund des Stolzes einer jeden dieser Religionen und ihres Glaubens, dass allein sie den „rechten" Glauben besäße, hat Religion mehr Tode gefordert als beide Weltkriege zusammen.

Rassismus tropft von dem vergifteten Pfeil des Stolzes. Viele Asiaten und Afrikaner beschuldigen die weißen Westler, Rassisten zu sein, aber Rassismus ist auch in Asien gang und gäbe. Im Westen gibt es zumindest Gesetze gegen Rassismus und er wird öffentlich verurteilt. Ein Mädchen aus Singapur kann ihren belgischen Ehemann nicht mit nach Hause zu ihrer Familie bringen. Bürger chinesischer und indischer Abstammung können selbst nach Generationen in Malaysia nicht den Status eines Bhumiputra[4] haben. Viele Koreaner der zweiten Generation in Japan sind noch immer nicht eingebürgert. Obwohl viele weiße Menschen farbige Kinder adoptieren, ist es äußerst unwahrscheinlich, dass eine gutsituierte asiatische Familie ein weißes Kind adoptieren würde. Viele Asiaten finden solche kulturelle und rassische Vermischung verabscheuungswürdig. Man möchte sich fragen, wie die Asiaten wohl empfinden würden, wenn man den Spieß umdrehen würde: wenn weiße Menschen millionenfach nach China, Korea, Japan, Malaysia, Saudi-Arabien und Indien auswandern müssten. Was wäre, wenn sie dort ihre eigenen Gemeinschaften bildeten, vor Ort Arbeit annehmen würden, ihre Bräute importierten, über Generationen ihre eigene Sprache sprächen und sich weigerten, die Sprache ihres Gastlandes zu sprechen – und zu alldem auch noch religiöse Extremisten in ihrem Ursprungsland förderten?

Neid ist ein anderer von Mâras Pfeilen. Er ist eins von der Sorte von Gefühlen, bei denen wir nur verlieren können. Neid manifestiert sich auf irrationale Weise und gebiert phantastische Geschichten, um uns abzulenken. Er kann völlig unerwartet ganz plötzlich zuschlagen, vielleicht sogar, während Sie sich gerade an einem Symphoniekonzert ergötzen. Auch wenn Sie nicht die

Absicht haben, Cellist zu werden und sogar noch niemals ein Cello angefasst haben, werden Sie vielleicht eifersüchtig auf eine unschuldige Cellistin, der Sie niemals zuvor begegnet sind. Einfach die Tatsache, dass sie talentiert ist, reicht aus, um Ihren Geist zu vergiften.

Ein Großteil der Welt beneidet die USA. Viele der religiösen und politischen Fanatiker, die die Vereinigten Staaten lächerlich machen, kritisieren und die Amerikaner als „Satanisten" und „Imperialisten" titulieren, würden sich für eine Greencard halb umbringen, falls sie nicht schon eine besitzen. Aus bloßem Neid stürzt die Gesellschaft, häufig von den Medien angeführt, gern jeden von seinem Sockel, der Erfolg hat, sei es finanzieller, sportlicher oder intellektueller Erfolg. Manche Journalisten geben vor, die Underdogs und die kleinen Leute zu verteidigen, aber oft haben sie Angst, darauf hinzuweisen, dass einige dieser „Underdogs" tatsächlich Fanatiker sind. Diese Journalisten weigern sich, jegliches Fehlverhalten bei ihnen aufzuzeigen, und die wenigen, die kein Blatt vor den Mund nehmen, laufen Gefahr, als Extremisten stigmatisiert zu werden.

Aufgrund seines egoistischen Bestrebens, mehr Jünger zu bekommen, predigt Mâra sehr schlau Freiheit, aber wenn jemand wirkliche Freiheit praktiziert, wird Mâra das nicht unbedingt billigen. Im Grunde hätten wir gern Freiheit für uns selbst, nicht aber für andere. Es ist daher nicht verwunderlich, dass wir oder jeder andere, der sich alle Freiheiten nimmt, nicht zu allen Partys eingeladen wird. Diese sogenannte Freiheit und Demokratie ist lediglich ein weiterer Kontrollmechanismus von Mâra.

Und was ist mit Liebe?

Man mag denken, nicht alle Gefühle seien Leiden – was ist mit Liebe, Freude, kreativer Inspiration, Hingabe, Ekstase, Frieden, Einheit, Erfüllung und Erleichterung? Wir glauben, Gefühle wären für Lyrik, Lieder und Kunst notwendig. Unsere Definition von „Leiden" ist nicht festgelegt und ziemlich begrenzt. Siddhârthas Definition von „Leiden" ist sehr viel weiter gefasst und doch spezifischer und klarer.

Manche Arten von Leiden – wie etwa Aggression, Eifersucht und Kopfschmerzen – haben eine offensichtlich negative Qualität, während andere auf subtilere Weise schmerzhaft sind. Für Siddhârtha ist all das Leiden, was die Qualität von Unsicherheit und Unvorhersehbarkeit hat. Liebe kann zum Beispiel angenehm und erfüllend sein, aber sie entsteht nicht unabhängig einfach aus dem Nichts heraus. Sie hängt von etwas oder von jemandem ab und ist deshalb unvorhersehbar. Letzten Endes ist man abhängig von dem Objekt der Liebe und in gewissem Maße immer an der Leine. Und die zusätzlichen verborgenen Bedingungen sind zahllos. Aus diesem Grunde ist es auch müßig, unseren Eltern die Schuld für eine unglückliche Kindheit oder uns selbst die Schuld für die Disharmonie der Eltern zu geben, weil wir uns der vielen abhängigen Bedingungen, die an diesen Situationen beteiligt sind, nicht bewusst sind.

Die Tibeter benutzen die Begriffe „rangwang" und „shenwang" für „glücklich" beziehungsweise „unglücklich" sein. Es ist schwer, sie genau zu übersetzen: *rang* bedeutet „Ich", *wang* bedeutet „Macht", „Rechte" oder „Berechtigung" und *shen* bedeutet „andere". Verallgemeinernd könnte man also sagen: Man ist glücklich, solange man selbst die Kontrolle hat, und unglücklich, wenn jemand anderer die Zügel in der Hand hat. Daher lässt sich „Glück" folgendermaßen definieren: Man ist glücklich, wenn man die volle Kontrolle, Freiheit, Rechte, Muße, keine Hindernisse hat und nicht angeleint ist. Das heißt, man hat die Freiheit zu wählen und die Freiheit nicht zu wählen, sowie die Freiheit, aktiv oder müßig zu sein.

Es gibt bestimmte Dinge, die man tun kann, um die Bedingungen zum eigenen Vorteil zurechtzubiegen, wie etwa Vitamine einzunehmen, um widerstandsfähig zu werden, oder eine Tasse Kaffee zu trinken, um wach zu werden. Aber wir können die Welt nicht anhalten, damit sie keinen weiteren Tsunami auslöst. Wir können nicht verhindern, dass eine Taube gegen die Windschutzscheibe unseres Autos fliegt. Wir können die anderen Fahrer auf der Autobahn nicht kontrollieren. Ein Großteil unseres Lebens dreht sich darum, andere Menschen aufzuheitern, und zwar in erster Linie, damit wir uns selbst gut fühlen. Es ist nicht nett, mit jemandem zu leben, der ständig schmollt. Aber wir können die Gefühle eines anderen nicht andauernd aufheitern. Wir können es versuchen, und vielleicht gelingt es uns auch manchmal, aber solch eine Manipulation bedarf eines enormen Aufwands. Es genügt nicht, nur einmal am Anfang einer Beziehung „Ich liebe dich" zu sagen. Sie müssen bis zum Ende immer wieder das Richtige tun – Blumen schicken, Aufmerksamkeit schenken. Wenn Sie auch nur einmal versagen, kann alles, was Sie aufgebaut haben, zusammenbrechen. Manchmal kann das Objekt Ihrer Aufmerksamkeit, auch wenn Sie ihm Ihre ungeteilte Aufmerksamkeit schenken, diese fehlinterpretieren, nicht wissen, wie man sie annimmt, oder überhaupt nicht empfänglich sein. Ein junger Mann freut sich auf ein Abendessen bei Kerzenschein mit dem Mädchen seiner Träume und stellt sich vor, wie sich der Abend entwickeln wird, wie er sie umwerben und verzaubern wird. Aber das ist nur seine Vorstellung, eine Vermutung. Ob es nun eine begründete oder eine unbegründete Vermutung ist, es bleibt nur eine Vermutung. Im Grunde genommen können wir nicht die ganze Zeit hundertprozentig vorbereitet sein. Daher müssen unsere Hindernisse und Gegner lediglich zu einem Prozent der Zeit erfolgreich sein, um all ihren Schaden anzurichten: ein falsches Wort, ein unabsichtlicher Furz, ein beiläufiger Blick weg vom Röntgengerät bei der Sicherheitskontrolle am Flughafen.

Wir mögen glauben, dass wir nicht wirklich leiden, und selbst wenn wir es tun, es sei nicht so schlimm. Wir leben ja schließlich nicht in der Gosse und werden nicht in Ruanda massakriert. Viele Menschen denken, *Mir geht es gut, ich atme, ich frühstücke, alles läuft so, wie man es sich wünschen kann, ich leide nicht.* Was aber meinen sie? Meinen sie es hundertprozentig? Haben sie aufgehört, sich auf

Dinge vorzubereiten, damit es ihnen besser geht? Haben sie alle Unsicherheiten losgelassen? Wenn solch eine Haltung aus echter Zufriedenheit und Wertschätzung dessen entsteht, was sie bereits haben, dann ist das die Art von Wertschätzung, die Siddhârtha empfahl. Aber wir begegnen nur sehr selten einer solchen Zufriedenheit. Da ist immer dieses nagende Gefühl, dass es im Leben noch mehr geben müsste, und diese Unzufriedenheit führt zu Leiden.

Siddhârthas Lösung bestand darin, sich der Gefühle bewusst zu werden. Wenn Sie sich Ihrer Gefühle bewusst werden, sobald diese auftauchen, auch wenn es nur ein kleines bisschen ist, schränken Sie deren Aktivität ein. Sie sind dann wie ein Teenager mit einer Begleitperson: Jemand passt auf und die Macht von Mâra ist geschwächt. Siddhârtha wurde von den vergifteten Pfeilen nicht verletzt, weil er sich dessen bewusst war, dass sie reine Illusion waren. Ebenso können unsere eigenen machtvollen Gefühle so harmlos werden wie Blütenblätter. Und als die Apsaras sich an Siddhârtha heranmachten, konnte er deutlich sehen, dass sie – wie ein Feuerring – lediglich zusammengesetzte Phänomene waren, und daher verloren sie ihren Reiz. Sie konnten ihn nicht durcheinanderbringen. Auf gleiche Weise brechen wir den Bann der Versuchung, wenn wir erkennen, dass die Objekte unserer Begierde eigentlich nur zusammengesetzte Phänomene sind.

Wenn Sie beginnen zu bemerken, welchen Schaden die Gefühle anrichten können, entwickelt sich Bewusstheit. Wenn Sie sich einer Situation bewusst sind – wenn Sie zum Beispiel wissen, dass Sie am Rande eines Felsgrates stehen –, begreifen Sie die Gefahr, die vor Ihnen liegt. Sie können trotzdem weitergehen und das tun, was Sie vorhatten. Hellwach auf einem Felsgrat zu balancieren ist nicht mehr so beängstigend, ja, es kann sogar ziemlich aufregend sein. Die wahre Quelle unserer Angst ist Nichtwissen. Bewusstheit hindert Sie nicht am Leben, sondern macht Ihr Leben erfüllter. Wenn Sie eine Tasse Tee genießen und das Bittere und das Süße der zeitlich begrenzten Dinge begreifen, werden Sie die Tasse Tee wirklich genießen.

3
Alles ist Leerheit

Schon bald nach Siddhârthas Erleuchtung begann seine Lehre, die wir den Dharma nennen, alle Schichten der indischen Gesellschaft zu durchdringen. Der Dharma transzendierte das Kastensystem und sprach Reiche und Arme gleichermaßen an. Einer der größten Herrscher des dritten Jahrhunderts vor Christus war König Ashoka, ein unbarmherziger Krieger und Tyrann, der keine Skrupel hatte, nahe Verwandte umzubringen, um seine Macht zu konsolidieren. Aber sogar König Ashoka fand schließlich zur Wahrheit des Dharma und wurde Pazifist. Er ist heute als einer der einflussreichsten Förderer in der Geschichte des Buddhismus bekannt.

Dank Förderern wie König Ashoka breitete sich der Dharma weiterhin aus – er pflanzte sich in alle Himmelsrichtungen fort – weit über die Grenzen Indiens hinaus. Im ersten Jahrtausend n. Chr. wurde fast eintausend Kilometer von Bodh-Gâyâ entfernt in dem tibetischen Dorf Kya Ngatsa ein anderer gewöhnlicher Mensch mit außergewöhnlichem Potential geboren. Nach einer höllischen Kindheit und einer Lehre in schwarzer Magie ermordete dieser gestörte junge Mann in einem Racheakt Dutzende Mitglieder seiner Familie und Nachbarn. Er floh aus seiner Heimat und begegnete schließlich einem Bauern namens Marpa, einem großen Dharma-Lehrer und Übersetzer, der das Wesen der Existenz und den Weg des Lebens lehrte, wie sie einst von Siddhârtha gelehrt worden waren. Der junge Mann erfuhr eine tief greifende Wandlung. Er wurde als Milarepa bekannt und ist einer der berühmtesten Yogis und Heiligen Tibets. Selbst heute noch inspirieren seine Gesänge und Geschichten Tausende und Abertausende von Menschen. Das Vermächtnis seiner Weisheit wurde in einer ungebrochenen Überlieferungslinie von Lehrern und Schülern weitergegeben.

Milarepa lehrte seine eigenen Schüler, dass Siddhârthas Worte nicht wie andere Philosophien seien, die man zum Vergnügen oder zur Erbauung liest und dann ins Regal stellt. Wir können den Dharma tatsächlich üben und ihn im täglichen Leben anwenden. Unter Milarepas Schülern der ersten Generation war ein brillanter Gelehrter namens Rechungpa. Obwohl Milarepa ihm geraten hatte, die Integration der Praxis in den Alltag wichtiger zu nehmen als rein akademische Studien aus Büchern, machte sich Rechungpa dennoch nach Indien auf, um eine klassische Ausbildung an einer der bedeutenden buddhistischen philosophischen Fakultäten zu erhalten. Rechungpa studierte tatsächlich gewissenhaft bei vielen Gelehrten und Heiligen. Als er nach vielen Jahren nach Tibet zurückkehrte, kam ihm sein alter Lehrer Milarepa auf einer kargen Hochebene entgegen, um ihn willkommen zu heißen. Nachdem sie sich begrüßt und eine Weile über Rechungpas Studien gesprochen hatten, brach plötzlich aus heiterem Himmel ein heftiger Hagelsturm los. Auf der großen weiten Ebene gab es keinen Platz, wo man hätte Schutz suchen können. Milarepa entdeckte ein Yakhorn am Boden und flüchtete sich schnell hinein – ohne dass das Horn größer oder Milarepa kleiner geworden wäre. Aus seinem trockenen Unterschlupf heraus sang Milarepa ein Lied, in dem er Rechungpa wissen ließ, dass es noch reichlich Platz in dem Yakhorn gäbe ... wenn sein Schüler nur die Natur der Leerheit begriffen hätte.

Sie mögen glauben, die Geschichte von Milarepas Yakhorn sei bloß ein Märchen. Oder, wenn Sie zu den Leichtgläubigen gehören, glauben Sie vielleicht, dass der tibetische Yogi sich magischer Fähigkeiten bedient habe. Aber keins von beiden trifft zu – wie wir noch sehen werden.

Leerheit greifen wollen

Durch das Bezwingen Mâras und seiner Armee erkannte und verwirklichte Siddhârtha die Leerheit der allem innewohnenden

Existenz. Er begriff, dass alles, was wir sehen, hören, fühlen, uns vorstellen und von dem wir wissen, dass es existiert, einfach Leere ist, der wir eine gewisse „Realität" unterstellen und zuschreiben. Dieser Akt des Kennzeichnens oder Wahrnehmens der Welt als real entsteht aus einer starken individuellen und kollektiven Gewohnheit – wir alle tun das. Die Kräfte der Gewohnheit sind so stark und unser Konzept der Leerheit ist so wenig reizvoll, dass nur wenige die Entschlossenheit aufbringen, nach einer Verwirklichung wie der von Siddhârtha zu streben. Stattdessen wandern wir wie ein orientierungsloser Reisender, der eine üppige Oase in der Ferne sieht, in der Wüste umher. Die Oase ist in Wirklichkeit nur die Spiegelung der Hitze über dem Sand, doch vor lauter Verzweiflung, Durst und Hoffnung hält er sie für Wasser. Wenn er seine letzten Kräfte aufbietet, um dorthin zu gelangen, wird er entdecken, dass alles nur ein Trugbild war, und wird eine bittere Enttäuschung erleben.

Auch wenn wir uns nicht für so verzweifelt halten und glauben, wir seien gebildet, gesund und nüchtern, wenn wir sehen und fühlen, dass alles real existiert, verhalten wir uns wie der Mann in der Wüste. Wir rackern uns ab, um echte Gefährten, Sicherheit, Anerkennung und Erfolg zu finden, oder einfach nur Frieden und Ruhe. Vielleicht haben wir sogar Erfolg und erhaschen etwas, das dem ähnelt, was wir uns wünschen. Aber wie der Wanderer in der Wüste werden auch wir letztlich enttäuscht, wenn wir von einer äußeren Bestätigung der Realität des Gewünschten abhängig sind. Nichts ist so, wie es scheint: Die Dinge sind vergänglich und nicht vollkommen in unserer Kontrolle.

Wenn wir wirklich eine Analyse durchführen, wie Siddhârtha es getan hat, werden wir feststellen, dass Bezeichnungen wie „Form", „Zeit", „Raum", „Richtung" und „Größe" leicht demontierbar sind. Siddhârtha erkannte, dass sogar das Ich nur auf einer relativen Ebene existiert – ähnlich einem Trugbild. Seine Einsicht machte dem Kreislauf seiner Erwartungen, Enttäuschungen und Leiden ein Ende. Im Augenblick seiner Befreiung dachte er: „Ich habe einen Weg gefunden, der tiefgründig, friedvoll, nicht extrem, klar, wunscherfüllend und nektargleich ist. Aber wenn ich versuche, das auszudrücken, wenn ich also versuche, zu lehren, wird niemand in der Lage sein, zu hören, mir Gehör zu schenken oder es zu verstehen. Deshalb werde ich in diesem friedvollen Zustand im Wald verweilen." Es heißt, dass ihm die Götter Indra und Brahmâ erschienen, als sie von Siddhârthas Absichten hörten, und ihn baten, sich nicht im Wald abzukapseln, sondern zum Wohle anderer zu lehren. „Auch wenn nicht jeder all deine Lehren verstehen wird", sagten sie, „gibt es einige wenige, die sie verstehen könnten, und es würde sich lohnen, nur diesen wenigen zu helfen."

Siddhârtha respektierte ihren Wunsch und machte sich auf den Weg nach Varanasi, das bereits in jenen Tagen eine große Stadt war, wo Intellektuelle und Denker sich am Ganges-Fluss versammelten. Als Siddhârtha Sarnath erreichte, das in der Nähe von Varanasi liegt, traf er auf seine früheren Gefährten. Sie hatten ihn verlassen, als er seine Gelübde gebrochen und die von Sujata angebotene Milch getrunken hatte. Als sie Siddhârtha näherkommen sahen, verabredeten sie rasch, ihn zu ignorieren. Sie wollten ihn nicht grüßen, geschweige denn aufstehen und sich vor ihm niederwerfen. „Da kommt der Schwindler", höhnten sie. Aber für ein Wesen, das wie Siddhârtha die Leerheit begriffen hatte, sind Vorstellungen wie Lob und Tadel, Verehrung und Missachtung oder Gut und Böse völlig belanglos. Es handelt sich dabei nur um fadenscheinige Interpretationen, und deshalb besteht kein Anlass, so zu reagieren, als seien sie real. Daher näherte sich Siddhârtha ihnen ohne eine Spur von Eitelkeit, Zögern oder Stolz. Aufgrund dieses Mangels an Befangenheit war sein Gang so majestätisch, dass die fünf Meditierenden nicht anders konnten, als sich zu erheben. Siddhârtha hielt an Ort und Stelle seine erste Predigt, mit seinen früheren Gefährten als seinen ersten Schülern.

Unsere begrenzte Logik

Siddhârtha hatte recht gehabt, als er sich sagte, das Lehren sei keine leichte Aufgabe. In einer Welt, deren Triebfedern Gier, Stolz, und Materialismus sind, ist es schwierig, selbst die grundlegendsten Prinzipien wie Liebe, Mitgefühl und Philanthropie zu lehren, ganz zu schweigen von der endgültigen Wahrheit der Leerheit. Wir stecken in unserem kurzsichtigen Denken fest und unterwerfen uns nur noch den Fragen nach der praktischen Anwendbarkeit. Für uns muss etwas greifbar und sofort nutzbar sein, wenn es wert sein soll, dafür Zeit und Energie zu investieren. Angesichts dieser Kriterien scheint Leerheit, wie sie von Buddha definiert wird, vollkommen nutzlos zu sein. Wir mögen denken: *Welchen Nutzen hat es, die Vergänglichkeit und die Leerheit der phänomenalen Welt zu kontemplieren? Wie kann Leerheit einträglich sein?*

Mit unserem begrenzten logischen Grundprinzip haben wir definiert, was Sinn macht und was bedeutungsvoll ist – und Leerheit geht über diese Grenze hinaus. Es ist, als passte die Idee der „Leerheit" einfach nicht in unseren Kopf. Das liegt daran, dass der menschliche Geist auf der Grundlage eines unzureichenden logischen Systems arbeitet, obwohl uns zahlreiche andere logische Systeme zur Verfügung stünden. Wir tun so, als seien diesem Augenblick Tausende von Jahren an Geschichte vorangegangen, und wenn uns jemand sagt, die gesamte menschliche Evolution spiele sich in dem Zeitraum ab, den es braucht, um einen Schluck Kaffee zu trinken, können wir das nicht begreifen. So glauben wir denn auch, wenn wir in den buddhistischen Lehren lesen, ein Tag in der Hölle gleiche fünfhundert Jahren, dass diese religiösen Typen uns nur Angst einjagen und einschüchtern wollen. Aber stellen Sie sich ein Wochenende mit Ihrem oder Ihrer Geliebten vor – es vergeht wie der Blitz. Andererseits scheint eine Nacht im Gefängnis in einer Zelle mit einem brutalen Vergewaltiger eine Ewigkeit zu dauern. Betrachtet man es auf diese Weise, scheint unsere Vorstellung von Zeit nicht mehr so stabil zu sein.

Einige mögen in ihrem Denksystem ein *kleines* bisschen Unbekanntes zulassen – etwa wenn sie einräumen, es könnte Hellseherei, Intuition, Geister, Seelengefährten und so weiter geben, aber die meiste Zeit stützen wir uns auf schwarz-weiße, wissenschaftlich begründete Logik. Eine kleine Handvoll sogenannter begnadeter Menschen mag den Mut oder die Fähigkeiten haben, über die Konventionen hinauszugehen, und solange ihre Sichtweise nicht *zu* ungeheuerlich ist, schaffen sie es vielleicht, als „Künstler" durchzugehen, wie zum Beispiel Salvador Dali. Es gibt auch einige berühmte Yogis, die absichtlich nur ein *wenig* über das hinausgehen, was konventionell akzeptiert ist, und die deshalb als „heilige Narren" verehrt werden. Wenn Sie allerdings zu weit über die anerkannten Grenzen hinausgehen, wenn Sie sich also vollkommen der Leerheit verschrieben haben, dann ist es gut möglich, dass die Leute Sie für unnormal, verrückt und irrational halten.

Aber Siddhârtha war nicht irrational. Er hatte bloß erklärt, dass konventionelles rationales Denken begrenzt sei. Wir können oder wollen nicht begreifen, was jenseits des Bereichs dessen liegt, was uns angenehm ist. Es ist so viel zweckmäßiger, mit dem linearen Konzept von „gestern, heute, morgen" zu arbeiten, als zu sagen „Zeit ist relativ". Wir sind nicht darauf programmiert zu denken: *Ich kann in das Yakhorn passen, ohne meine Größe oder meine Form zu ändern.* Wir schaffen es nicht, unsere Konzepte von „groß" und „klein" aufzulösen. Stattdessen engen wir uns ständig mit unseren gesicherten und begrenzten Perspektiven ein, die uns seit Generationen überliefert wurden. Untersucht man jedoch diese Perspektiven, so halten sie genauer Prüfung nicht stand. Zum Beispiel erklärt das Konzept der linearen Zeit, auf das sich diese Welt so stark stützt, nicht die Tatsache, dass Zeit keinen wirklichen Anfang und kein Ende hat.

Wir benutzen also unser logisches Grundprinzip, das bestenfalls unpräzise ist, und betrachten oder bezeichnen die Dinge als „wahrhaft existierend". Funktion, Kontinuität und Konsens spielen im Prozess unserer Bewertung eine große Rolle. Wie wir glauben, besteht etwas, das eine Funktion besitzt – zum Beispiel scheint

Ihre Hand eine Funktion zu haben, indem sie dieses Buch hält –, in einem permanenten, ultimativen und gültigen Sinne. Ein Bild von einer Hand funktioniert nicht auf die gleiche Weise wie eine Hand, daher wissen wir, dass es keine reale Hand ist. Wenn etwas die Eigenschaft der Kontinuität zu besitzen scheint – wenn wir beispielsweise gestern einen Berg gesehen haben und er auch heute noch dort ist –, sind wir ebenso überzeugt, dass er „real" sei und morgen und übermorgen auch noch dort sein wird. Und wenn andere Menschen uns bestätigen, sie sähen die gleichen Dinge wie wir, sind wir sogar noch sicherer, dass diese Dinge wahrhaft existieren.

Natürlich spazieren wir nicht umher und erklären, bestätigen und bezeichnen bewusst die wahre Existenz der Dinge – *dies ist ein wirklich existierendes Buch in meinen wirklich existierenden Händen* –, aber unterbewusst operieren wir in dem Vertrauen, dass die Welt als etwas Solides existiert, und dies beeinflusst die Weise, wie wir jeden Augenblick des Tages denken und fühlen. Nur zu seltenen Gelegenheiten, wenn wir in den Spiegel oder auf eine Fata Morgana schauen, sehen wir ein, dass manche Dinge bloße Erscheinungen sind. Es gibt kein Fleisch und Blut im Spiegel, es gibt kein Wasser in der Fata Morgana. Wir „wissen", dass Spiegelbilder nicht real sind, dass sie leer von eigenständiger Existenz sind. Diese Art von Verstehen könnte uns viel weiter bringen, aber wir gehen nur so weit, wie es unser rationaler Verstand erlaubt.

Wenn wir mit der Vorstellung konfrontiert werden, ein Mann könne, ohne seine Größe zu ändern, in ein Yakhorn passen, haben wir verschiedene Optionen: Wir können „rational" sein und die Geschichte zurückweisen, indem wir sagen, das sei einfach nicht möglich. Oder wir können eine Art mystischen Glauben an Zauberei oder blinde Hingabe einsetzen und sagen: *Oh ja, Milarepa war ein so großartiger Yogi, natürlich konnte er dies und noch vieles andere tun.* Doch jede dieser Sichtweisen ist verzerrt, denn Ablehnung ist eine Form der Unterschätzung und blinder Glaube eine Form der Überschätzung.

Der Fluss von gestern: partielle Logik akzeptieren

Durch seine unermüdliche Kontemplation sah Siddhârtha deutlich diese Fehler in den konventionellen Formen von Einschätzung, Rationalisierung und Bezeichnung. Natürlich funktionieren sie in einem gewissen Ausmaß – unsere Welt scheint auf der Grundlage dieser Konventionen zu funktionieren. Wenn wir Menschen von etwas wirklich und wahrhaftig Existierendem sprechen, dann meinen wir damit, dass es klar bestimmt, nicht erfunden, real, überprüfbar, unveränderlich und bedingungslos ist. Natürlich wissen wir, dass manche Dinge sich ändern. Eine Knospe erblüht zu einer Blüte, und selbst während sie sich wandelt, halten wir sie immer noch für dieselbe wirklich existierende Blüte. Das Wachstum und der Wandel sind Teil unserer festen Vorstellung von der Natur der Blüte. Es würde uns deshalb sogar überraschen, wenn sie beständig wäre. In diesem Falle ist es also unsere Erwartung des Wandels, die unverändert ist.

In einem Fluss fließt ständig neues Wasser; er verändert sich also fortwährend, aber wir nennen ihn immer beim selben Namen. Kommen wir nach einem Jahr an dieselbe Stelle am Flussufer zurück, glauben wir immer noch, denselben Fluss vor uns zu haben. Aber inwiefern ist er derselbe? Isolieren wir einen Aspekt oder ein Charakteristikum, dann fällt die scheinbare Gleichheit auseinander. Das Wasser ist anders, die Erde ist ein anderer Ort in ihrer Rotation durch die Galaxis, die Blätter sind gefallen und neue Blätter sind gewachsen – alles, was bleibt, ist die äußere Erscheinung eines Flusses, der dem ähnelt, den wir beim letzten Mal gesehen haben. „Äußere Erscheinung" ist eine ziemlich unsichere Grundlage für „Wahrheit". Schon durch eine einfache Analyse wird offenkundig, dass die Grundfesten unserer konventionellen Realität nichts als vage Verallgemeinerungen und Annahmen sind. Auch wenn Siddhârtha zur Definition von „Wahrheit" ähnliche Wörter benutzte wie gewöhnliche Leute – nicht vorgestellt, eindeutig, unveränderlich, bedingungslos –, ist seine Verwendung der Wörter sehr viel präziser: Sie sind keine Verallgemeinerungen. Nach seiner Ansicht muss „unveränderlich" bedeuten, dass sich etwas selbst nach gründlicher Analyse in *allen* Dimensionen und *ohne Ausnahme* als unveränderlich erweist.

Unsere gewöhnliche Definition von „Wahrheit" ist das Ergebnis einer bloß partiellen Analyse. Wenn die Analyse zu einer bequemen Antwort führt, wenn sie uns also das gibt, was wir erwarten, dann gehen wir nicht darüber hinaus. *Ist dies wirklich ein Sandwich? Es schmeckt wie ein Sandwich, also werde ich es essen.* Hier hört die Analyse schon auf. Ein Junge sucht nach einer Gefährtin: Er sieht ein Mädchen, sie sieht hübsch aus – also hört er auf zu untersuchen und macht sich an sie heran. Siddhârthas Analyse ging weiter und tiefer, bis das Sandwich und das Mädchen nur noch Atome waren und letztlich sogar die Atome seiner Analyse nicht standhalten konnten. Da er hier nichts vorfand, war er frei von Enttäuschung.

Siddhârtha stellte fest, dass der einzige Weg, etwas als *wirklich* existent zu bestätigen, der Nachweis sei, dass es unabhängig und frei von Interpretation, Erfindung oder Wandel ist. Für Siddhârtha liegen all die anscheinend funktionalen Mechanismen für unser alltägliches Überleben – physisch, emotional und begrifflich – außerhalb dieser Definition. Sie sind alle aus unsicheren, vergänglichen Teilen zusammengesetzt und verändern sich daher ständig. Wir können diese Aussage in der konventionellen Welt verstehen. Sie können zum Beispiel sagen, dass Ihr Bild im Spiegel nicht wirklich existiert, weil es davon anhängig ist, dass Sie vor dem Spiegel stehen. Wäre es unabhängig, müsste es auch ohne Ihr Gesicht ein Spiegelbild geben. Ebenso kann keine Sache „wirklich existieren", die von unzählig vielen Bedingungen abhängt.

Wir schauen einen Feuerring an und haben kein Problem, die Bedingungen für sein Zustandekommen zu verstehen. Wir akzeptieren, dass es wirklich ein Feuerring ist, solange alle diese Bedingungen zusammenkommen ... vorläufig. Aber warum können wir nicht auch das Buch, das wir in der Hand halten, oder das

Bett, auf dem wir liegen, auf diese Weise betrachten? Es sieht wie ein Buch aus, andere Leute erkennen es als Buch, es funktioniert wie ein Buch; aber wenn wir es analysieren, kann das „Vorläufigkeits"-Prinzip auch darauf angewendet werden. Alles, was wir in unserem Leben wahrnehmen, ist „vorläufig". Die Dinge scheinen nur für einen Augenblick zu existieren. Aber wir haben nicht den Mut oder die Willenskraft, es auf diese Weise zu betrachten. Und weil wir nicht die Intelligenz besitzen, die Dinge als aus Teilen zusammengesetzt zu sehen, geben wir uns damit zufrieden, sie als Ganzes zu sehen. Wenn einem Pfau alle Federn ausgerupft sind, erfüllt er uns nicht mehr mit Bewunderung. Aber wir sind auch nicht darauf erpicht, uns dieser Betrachtungsweise der Welt hinzugeben. Es ist so, als hätte man sich ins Bett gekuschelt, hätte einen schönen Traum und wäre sich ganz schwach dessen bewusst, dass man träumt, will aber nicht aufwachen. Oder man sieht einen schönen Regenbogen und will nicht näher herangehen, weil er dann verschwindet. Den mutigen Geist haben, aufzuwachen und zu prüfen – das ist es, was Buddhisten „Entsagung" nennen. Im Gegensatz zur populären Vorstellung ist buddhistische Entsagung nicht Selbstkasteiung oder Entbehrung. Siddhârtha war bereit und fähig zu erkennen, dass all unsere Existenz bloß aus Namensschildchen besteht, die wir Phänomenen aufkleben, welche nicht wirklich existieren – und dadurch erfuhr er Erwachen.

Buddha war kein Masochist

Manche Menschen, die nur eine vage Vorstellung von dem haben, was Buddha gelehrt hat, glauben, der Buddhismus sei morbide und Buddhisten würden Glück verleugnen und nur an das Leiden denken. Sie nehmen an, dass Buddhisten Schönheit und körperliche Freuden meiden, weil sie Versuchungen darstellen. Von Buddhisten wird angenommen, sie seien rein und maßvoll. In Wirklichkeit hat Siddhârtha nicht mehr gegen Schönheit und

Genuss einzuwenden als gegen alle anderen Konzepte – solange wir uns nicht dazu hinreißen lassen zu denken, dass solche Dinge wirklich existierten.

Siddhârtha hatte einen Laienschüler, einen Krieger namens Mañjushrî, der für seine Scharfsinnigkeit und seine Listigkeit bekannt war. Unter Mañjushrîs Mitschülern war ein sehr eifriger und angesehener Mönch, der dafür bekannt war, ständig die „Meditation über Hässlichkeit" auszuführen, eine Methode, die – neben einigen anderen – jenen verordnet wird, deren Begehren stark ist und die sehr leidenschaftlich sind. Zu ihr gehört, dass man sich alle Menschen als aus Adern, Knorpeln, Eingeweiden und Ähnlichem gemacht vorstellt. Mañjushrî beschloss, den emsigen Mönch zu prüfen, indem er seine übernatürlichen Kräfte nutzte. Er verwandelte sich in eine wunderschöne Nymphe und erschien vor dem Mönch, um ihn zu verführen. Einige Zeit lang blieb der Mönch standhaft und bewegte keinen Muskel. Aber Mañjushrî erwies sich als überaus verführerisch und der Mönch geriet allmählich in seinen Bann. Er war überrascht, denn in all den vielen Jahren seiner Meditation hatte er erfolgreich einigen der schönsten Frauen des Landes widerstanden. Entsetzt und über sich selbst enttäuscht, floh der Mönch. Aber die Nymphe Mañjushrî jagte ihm nach, bis der Mönch vor Erschöpfung zusammenbrach. Als die verführerische Frau sich ihm näherte, dachte er: „Das war's, dieses schöne Mädchen wird mich gleich umarmen." Er schloss fest die Augen und wartete, aber nichts geschah. Als er die Augen schließlich wieder aufmachte, hatte sich die Nymphe in ihre Bestandteile aufgelöst und Mañjushrî erschien lachend. „Zu glauben, jemand sei schön", sagte er, „ist ein Konzept. An diesem Konzept festzuhalten, beschränkt dich, fesselt dich und kerkert dich ein. Wenn du aber denkst, jemand sei hässlich, so ist auch das ein Konzept, das dich ebenfalls einengen wird."

Jedes Jahr geben wir Unsummen dafür aus, uns und unsere Umgebung attraktiver zu machen. Aber was ist Schönheit? Wir könnten sagen, sie liege im Auge des Betrachters, doch Millionen von uns sehen sich die Wahlen der Miss Universum im Fernsehen an, um sich vorführen zu lassen, wer nach Meinung eines Kollegiums von Preisrichtern die Schönste im ganzen Universum sei. Diese Handvoll Leute vermitteln uns angeblich die ultimative Definition von Schönheit. Natürlich wird es immer Andersdenkende geben in Anbetracht der Tatsache, dass sie innerhalb dieses Universums die schönen Frauen von Papua-Neuguinea und die eleganten afrikanischen Stammesfrauen ignorieren, die einen Stapel Ringe um ihre verlängerten Hälse tragen.

Wenn Siddhârtha bei einer Wahl zur Miss Universum dabei wäre, würde er eine ganz und gar andere Art von absoluter Schönheit erblicken. In seinen Augen kann diejenige, die gekrönt wird, nicht die absolute Schönheit sein, weil ihre Schönheit vom Betrachter abhängt. Da Siddhârthas Definition von „absolut" Unabhängigkeit von jeglichen Bedingungen erfordert, wären die Bedingungen eines Wettbewerbs zur Krönung einer echten Schönheit nicht nötig, weil alle Welt sich von vornherein einig wäre, dass sie die absolut Schönste ist. Und wenn sie tatsächlich schön wäre, dürfte es keinen Augenblick geben, in dem sie etwas weniger schön wäre. Sie wäre auch schön, während sie gähnt, wenn sie schnarcht, wenn ihr der Speichel aus dem Mund tropft, wenn sie auf der Toilette hockt und wenn sie alt wird – die *ganze* Zeit.

Anstatt eine Bewerberin als mehr oder minder schön als die anderen anzusehen, würde Siddhârtha erkennen, dass alle Frauen frei oder leer von Hässlichkeit und Schönheit sind. Die Schönheit, die er sieht, besteht in den hundert Millionen von Perspektiven, aus denen jede einzelne Bewerberin betrachtet werden kann. Unter der Vielzahl von Perspektiven im Universum wird es auch solche geben, bei denen jemand eifersüchtig auf sie ist, ein anderer sie als seine Geliebte, seine Tochter, Mutter, Freundin oder Rivalin ansieht. Für ein Krokodil ist sie Futter, für einen Parasiten ein Wirt. Für Siddhârtha ist diese Palette an sich bereits erstaunlich schön, wohingegen jemand, der wirklich und absolut schön wäre, für immer in diesem Zustand der Schönheit feststecken müsste.

Alle Gewänder und Badeanzüge, Scheinwerfer und Lippenstifte wären überflüssig. Doch so, wie die Dinge stehen, haben wir die Zurschaustellung des Wettbewerbs, und *für den Moment* ist das Spektakel ebenso schön wie unser guter alter zusammengesetzter und vergänglicher Feuerring.

Die relative Wahrheit: ein „wenig" existieren

In der buddhistischen Philosophie hat alles, was der Geist wahrnimmt, nicht existiert, bevor der Geist es wahrgenommen hat; es ist vom Geist abhängig. Es besteht nicht unabhängig und existiert daher nicht „wirklich". Das heißt nicht, dass es nicht *ein wenig* existiert. Die Buddhisten nennen die wahrgenommene Welt „relative" Wahrheit – eine Wahrheit, die von unserem gewöhnlichen Verstand bemessen und bezeichnet wird. Damit man etwas als „absolute" Wahrheit bezeichnen kann, darf es nicht hergestellt worden sein, darf es nicht der Vorstellungskraft entsprungen und muss unabhängig von Interpretation sein.

Auch wenn Siddhârtha Leerheit realisierte, wurde die Leerheit weder von Siddhârtha noch von sonst irgendwem hergestellt. Die Leerheit ist nicht das Ergebnis seiner Offenbarung, noch wurde sie als eine Theorie entwickelt, die Menschen helfen soll, glücklich zu sein. Ob Siddhârtha sie nun gelehrt hat oder nicht, Leerheit war immer Leerheit, obwohl wir paradoxerweise nicht einmal sagen können, sie hätte schon immer existiert, denn sie ist jenseits von Zeit und besitzt keine Form. Leerheit sollte auch nicht als Negation von Existenz interpretiert werden – das heißt, wir können auch nicht sagen, dass diese relative Welt nicht existiert –, denn damit etwas negiert werden kann, muss man zuerst einmal voraussetzen, dass es etwas gibt, das sich überhaupt negieren lässt. Leerheit hebt unsere tägliche Erfahrung nicht auf. Siddhârtha hat niemals behauptet, es gäbe etwas Spektakuläreres, Besseres, Reineres oder Göttlicheres als das, was wir wahrnehmen. Er war auch kein Anarchist, der die

Erscheinung und Funktion weltlicher Existenz anfocht. Er sagte nicht, es gäbe keine Erscheinung eines Regenbogens oder es gäbe keine Tasse Tee. Wir können unsere Erfahrung genießen, aber nur weil wir etwas erfahren können, heißt das noch lange nicht, dass es auch „wirklich" existiert. Siddhârtha hat einfach angeregt, dass wir unsere Erfahrung untersuchen und in Betracht ziehen, dass sie nur eine zeitweilige Illusion sein könnte, wie ein Tagtraum.

Wenn jemand Sie aufforderte, mit den Armen zu schlagen und zu fliegen, würden Sie sagen: „Das kann ich nicht", weil es uns in unserer Erfahrung der relativen Welt physikalisch nicht möglich ist zu fliegen – genauso wenig, wie es möglich ist, sich in einem Yakhorn zu verstecken. Aber angenommen, Sie schlafen und träumen, dass Sie durch die Lüfte fliegen. Wenn jemand im Traum sagte: „Menschen können nicht fliegen", würden Sie antworten: „Doch, ich kann es, sieh doch!" Und Sie würden davonfliegen. Siddhârtha hätte beiden Darstellungen zugestimmt – Sie *können nicht* fliegen, wenn Sie im Wachzustand sind, und Sie *können* fliegen, wenn Sie im Schlafzustand sind. Die Gründe dafür sind die Ursachen und Bedingungen, die zusammenkommen oder nicht. Eine Bedingung dafür, dass man fliegen kann, ist das Träumen. Wenn diese Bedingung nicht gegeben ist, können Sie nicht fliegen; ist sie gegeben, können Sie es. Wenn Sie träumen, dass Sie fliegen, und weiter daran glauben, dass Sie es können, selbst wenn Sie aufgewacht sind, dann haben Sie ein Problem. Sie werden auf die Nase fallen und enttäuscht sein. Siddhârtha sagt, dass wir auch dann, wenn wir in der relativen Welt aufwachen, noch in Unwissenheit schlafen – wie die Höflinge im Palast in jener Nacht, als er sein früheres Leben hinter sich ließ. Wenn die rechten Ursachen und Bedingungen zusammenkommen, kann alles in Erscheinung treten. Wenn aber diese Bedingungen sich erschöpft haben, hört die Erscheinung auf.

Dadurch, dass er unsere Erfahrung in der Welt als Traum ansah, fand Siddhârtha heraus, dass unsere Gewohnheit, uns auf die bloße Erscheinung unserer traumartigen relativen Welt zu fixieren und zu glauben, sie würde wirklich existieren, uns in einen endlosen

Kreislauf von Schmerz und Angst stürze. Wir schlafen so fest wie eine Seidenraupe in ihrem Kokon im Winterschlaf. Wir haben uns eine Realität zurecht*gesponnen*, die auf unseren Projektionen, Vorstellungen, Hoffnungen, Ängsten und Trugbildern basiert. Unsere Kokons sind sehr fest und verfänglich geworden. Unsere Vorstellungen sind für uns so real, dass wir in dem Kokon in der Falle sitzen. Aber wir können uns einfach daraus befreien, indem wir erkennen, dass dies alles nur unsere Einbildung ist.

Es muss unendlich viele Arten und Weisen geben aufzuwachen. Selbst Substanzen wie Peyote und Meskalin mögen uns eine vage Ahnung vom illusorischen Aspekt der „Realität" geben. Aber keine Droge kann zum vollständigen Erwachen führen, schon allein deshalb nicht, weil dieses Erwachen von einer äußeren Substanz abhängig ist, und wenn die Wirkung des Meskalins vergeht, vergeht auch die Erfahrung.

Stellen Sie sich vor, Sie hätten einen wirklich üblen Traum. Alles, was nötig wäre um aufzuwachen, wäre ein Hauch von Erkennen, dass Sie träumen. Der Funke kann aus dem Traum selbst kommen. Wenn Sie zum Beispiel im Traum etwas sehr Ungewöhnliches tun, mag Sie das veranlassen zu erkennen, dass Sie schlafen. Peyote und Meskalin können ein kurzlebiges Erkennen aufblitzen lassen, indem sie die Kraft des Geistes und der Imagination offenbaren. Halluzinationen können uns helfen, zeitweilig zu erkennen, wie konkret und glaubhaft Illusionen erscheinen können. Aber der Gebrauch solcher Substanzen ist nicht anzuraten, weil sie nur eine künstliche Erfahrung bewirken, die dem Körper tatsächlich schaden kann. Stattdessen sollten wir danach streben, ein für allemal aufzuwachen, ohne dabei von äußeren Einflüssen abzuhängen. Wir sind viel besser dran, wenn das Erkennen von innen kommt. Was wir wirklich brauchen ist, aus unseren Gewohnheitsmustern, unserer Einbildung und Gier zu erwachen. Geistesschulung und Meditation sind die schnellsten, sichersten und wirksamsten Arten, innerhalb des Geistesstroms zu arbeiten. Wie Siddhârtha sagte: „Du bist dein eigener Meister."

„Es ist das Anhaften, das dich fesselt"

Siddhârtha hat sehr wohl gewusst, dass man sich in der relativen Welt eine Tasse Oolong-Tee zubereiten und sie trinken kann; er würde nicht sagen: „Es gibt keinen Tee" oder „Tee ist Leerheit". Wenn er überhaupt etwas dazu sagen würde, dann vielleicht, dass der Tee nicht so ist, wie er erscheint; Tee wird aus schrumpeligen Blättern mit heißem Wasser gemacht. Aber manche Teefanatiker machen riesiges Aufheben um die Blätter, stellen spezielle Mischungen zusammen, kreieren Namen wie „Eiserner Drache" und verkaufen kleinste Mengen für Hunderte von Euros. Für sie ist Tee nicht einfach nur Blätter in Wasser. Aus solchen Gründen sagte etwa fünfzehnhundert Jahre, nachdem Siddhârtha gelehrt hat, einer seiner Dharma-Nachfolger namens Tilopa zu seinem Schüler Naropa: „Es ist nicht die Erscheinung, die dich fesselt, es ist das Anhaften an der Erscheinung, das dich fesselt."

Es war einmal eine schöne Nonne namens Utpala. Ein Mann verliebte sich heftig in sie und stellte ihr nach. Seine Nachstellungen waren ihr unangenehm und sie versuchte ihm aus dem Weg zu gehen, aber er war unerbittlich. Eines Tages schließlich kam sie zu seinem größten Entsetzen auf ihn zu und stellte ihn zur Rede. Er wusste nicht, was er sagen sollte, stammelte und platzte schließlich heraus, dass er ihre Augen liebe. Ohne zu zögern nahm sie ihre Augen heraus und überreichte sie ihm. Der Schock ließ ihn begreifen, wie leicht man sich von zusammengesetzten Teilen einfangen lässt und von ihnen besessen sein kann. Nachdem er seinen Schock und sein Grauen überwunden hatte, wurde er ihr Schüler.

In einer anderen buddhistischen Fabel aus Japan befinden sich zwei Zen-Mönche auf Wanderschaft und wollen gerade einen Fluss durchwaten, als eine junge Frau sie bittet, sie über das reißende Wasser zu tragen. Beide Mönche haben die höheren Mönchsgelübde abgelegt, und es ist ihnen daher nicht erlaubt, Frauen zu berühren. Doch ohne zu zögern hebt der ältere der beiden Mönche sie hoch, setzt sie auf seinen Rücken und watet hinüber auf die andere Flussseite. Als sie das andere Ufer erreichen, setzt er die Frau wieder ab und geht, ohne ein weiteres Wort mit ihr zu wechseln, seines Weges. Nachdem die beiden Mönche einige Stunden weitergewandert sind, platzt der jüngere plötzlich heraus: „Aber wir sind doch Mönche! Warum hast du die Frau getragen?"

Der ältere Mönch antwortet: „Ich habe sie schon längst abgesetzt. Warum trägst du sie noch immer mit dir herum?"

In einem Augenblick der Klarheit sind wir vielleicht in der Lage, die Leerheit von abstrakten Konzepten wie Schönheit und Hässlichkeit zu erkennen – schließlich lässt sich über Geschmack streiten –, aber es ist sehr viel schwieriger für uns, die Leerheit nicht-abstrakter Dinge zu begreifen, wie etwa die des Autos, das repariert werden muss, der Rechnungen, die bezahlt werden müssen, des lebensbedrohlich hohen Blutdrucks, der Familie, die uns unterstützt oder die unserer Unterstützung bedarf. Es ist verständlich, dass wir nicht gewillt oder nicht fähig sind, diese Dinge als illusorisch anzusehen. Das Ganze wird noch viel lächerlicher, wenn man sich in Extravaganzen wie Designermode, Haute Cuisine, VIP-Status oder der Mitgliedschaft in Elite-Clubs verfängt. Sehr viele Menschen sind so verwöhnt, dass ein Fernseher in jedem Zimmer oder zweihundert Paar Schuhe für sie zu einer Notwenigkeit geworden sind. Nach einem Paar Nike-Schuhe oder einem Armani-Anzug aus einem Designerladen zu gieren, geht weit über den Überlebensimpuls hinaus. Im Ausverkauf kämpfen die Leute im Laden sogar um eine Handtasche. Die zusammengesetzten Phänomene von Verpackung und Marktforschung sind so kompliziert und kalkuliert, dass wir nach bestimmten Markennamen gieren und die lächerlichen Preise dafür akzeptieren, die in keinerlei Verhältnis zu dem materiellen Wert dieser Objekte stehen.

Da die Mehrheit der Leute sich dem Standpunkt anschließt, dass diese Dinge einen Wert besitzen, ist es für eine imagebewusste Louis-Vuitton-Liebhaberin schwer, die Essenzlosigkeit ihrer Besessenheit von ihrer echten Lederhandtasche zu verstehen, ganz zu schweigen von der Essenzlosigkeit der Tasche selbst. Unsere moderne Gesellschaft betont die Bedeutung des bürgerlichen Status und der Markennamen, dadurch verfestigen sie sich in unserem Geist und machen unsere Welt noch künstlicher.

Aber wir werden nicht nur von Banknoten-Sammlern und Marketing-Genies manipuliert. Wir lassen uns zudem noch von politischen Systemen wie Demokratie und Kommunismus, von abstrakten Konzepten wie Grundrechten und von moralischen Standpunkten wie etwa „Gegen Abtreibung" oder „Für das Recht zu selbstbestimmtem Sterben" herumstoßen. Die politische Welt ist voll von solchen Schlagwörtern und die Chancen echter Führung sind beinahe gleich null. Die Menschen haben mit verschiedenen Arten der Führung experimentiert, und jede von ihnen hat ihre Vorteile, dennoch leiden immer noch viele Menschen. Vielleicht gibt es ja einige wirklich integre Politiker; um aber eine Wahl zu gewinnen, müssen sie sich für oder gegen die Rechte der Schwulen bekennen, auch wenn sie sich für dieses Thema im Grunde nicht sonderlich interessieren. Meistens entsprechen wir unwillkürlich letztlich dem, was die Mehrheit denkt, selbst wenn es eine wahnwitzige Position ist, nur um in dieser sogenannten demokratischen Welt zurechtzukommen.

Vor langer Zeit sagte in einem von Dürre gebeuteltem Land ein angesehener Wahrsager voraus, dass es nach sieben Tagen endlich Regen geben würde. Seine Vorhersage traf ein und die Freude war groß. Dann sagte er einen Regen von Edelsteinen voraus, und wieder war seine Vorhersage richtig. Die Leute waren sehr glücklich und wohlhabend. Seine nächste Voraussage war, dass es nach sieben Tagen einen weiteren Regen geben würde, einen verfluchten Regen, und jeder, der dieses Regenwasser trinken würde, würde wahnsinnig werden. Der König ließ also eine große Menge unverseuchten Wassers speichern, damit er nicht dieses verfluchte Regenwasser trinken müsse. Aber seine Untertanen besaßen nicht die Mittel, um solche Wasserspeicher anzulegen. Als also der Regen kam, tranken sie das Wasser und wurden verrückt. Nur noch der König allein war „geistig gesund", aber er konnte seine verrückten

Untertanen nicht regieren. Also trank auch er als letzten Ausweg das Wasser und wurde verrückt. Um sein Volk regieren zu können, musste er die gleichen Wahnvorstellungen teilen wie sie.

So wie bei den Wahlen zur Miss Universum gründet sich alles, was wir in dieser Welt tun oder denken, auf ein sehr beschränktes, allgemeines System von Logik. Wir legen enorm viel Wert auf den Konsens. Wenn die Mehrheit sich darüber einig ist, dass etwas wahr ist, dann wird diese Meinung als gültig erachtet. Wenn wir einen kleinen Teich betrachten, sehen wir Menschen nur den Teich; für die Fische in dem Teich ist dieser jedoch ihr Universum. Würden wir einen demokratischen Standpunkt einnehmen, dann müssten die Wasserbewohner mit ihrer Sicht des Teiches recht haben, denn es gibt sehr viel mehr von ihnen als von uns Teichbetrachtern. Die Herrschaft der Mehrheit funktioniert nicht immer. Schreckliche Blockbuster-Filme können Riesenprofite einspielen, während faszinierende Filme unabhängiger Filmemacher nur von einer Handvoll Leuten gesehen werden. Und da wir uns so sehr auf das Gruppendenken verlassen, wird die Welt häufig von den kurzsichtigsten und korruptesten Herrschern regiert: Demokratie beruft sich stets auf den kleinsten gemeinsamen Nenner.

Die Wahrheit: kein Märchen, keine Zauberei, nicht tödlich

Für diejenigen unter uns, deren Geist vom Pragmatismus konditioniert ist, ist es schwierig, Leerheit zu verstehen; deshalb wird Milarepas Zuflucht im Yakhorn fast immer als Märchen abgetan. Das passt nicht in unser kleines Hirn, genauso wenig wie der Ozean in einen Brunnen passt. Es war einmal ein Frosch, der in einem Brunnen lebte. Eines Tages begegnete er einem Frosch aus dem Ozean. Der Frosch vom Ozean erzählte phantastische Dinge über seinen Ozean und brüstete sich mit dessen Weite. Aber der Brunnen-Frosch konnte ihm nicht glauben; er glaubte, sein Brunnen sei der größte und tollste Wasserbehälter in der Welt, weil er keinen anderen Bezugspunkt hatte, keine Erfahrung und keinen Grund, anders zu denken. Also nahm der Ozean-Frosch den Brunnen-Frosch mit zum Ozean. Als er die Weite des Ozeans erblickte, starb der Brunnen-Frosch an einem Herzanfall.

Erkenntnis muss nicht tödlich sein. Wir brauchen nicht wie der Brunnen-Frosch tot umzufallen, wenn wir uns mit der Leerheit konfrontiert sehen. Wäre der Ozean-Frosch etwas mitfühlender und geschickter gewesen, wäre er vielleicht ein besserer Führer gewesen und der Brunnen-Frosch wäre nicht gestorben. Vielleicht wäre er sogar schließlich zum Ozean ausgewandert. Wir benötigen kein übernatürliches Talent, um Leerheit begreifen zu können. Es ist eine Frage der Erziehung und der Bereitschaft, die Dinge in Begriffen ihrer Bestandteile und verborgenen Ursachen und Bedingungen anzusehen. Mit einer solchen Einsicht wird man wie ein Set-Designer vom Film oder ein Kameraassistent, der ins Kino geht. Profis sehen in einem Film viel mehr als das, was wir sehen. Sie sehen, wie die Kamera aufgestellt war, welche Objektive und welche Art von Beleuchtung benutzt wurden, wie die Menschenmassen mit dem Computer simuliert worden sind und all die anderen Filmtechniken, derer sich die Zuschauer nicht bewusst sind. Auf diese Weise ist die Illusion für sie demontiert. Dennoch haben die Profis immer noch einen Riesenspaß, wenn sie ins Kino gehen. Dies ist ein Beispiel für Siddhârthas transzendenten Humor.

Krawatten und die Schlinge der Emotion

Das klassische buddhistische Beispiel zur Illustration der Leerheit ist das von der Schlange und dem Seil. Stellen wir uns einen Hasenfuß namens Hans vor, der eine Schlangenphobie hat. Hans betritt ein schwach beleuchtetes Zimmer, sieht in einer Ecke eine zusammengerollte Schlange und wird von Panik ergriffen. In Wirklichkeit blickt er auf eine gestreifte Giorgio-Armani-Krawatte, aber in seinem Schrecken missdeutet er das, was er sieht, in einem solchen Ausmaß, dass er vor Angst sterben könnte – das wäre dann ein Tod, der von einer Schlange verursacht wird, die nicht wirklich existiert. Solange er glaubt, eine Schlange zu sehen, sind der Schmerz und die Angst, die er erfährt, das, was Buddhisten „Samsâra" nennen – es ist eine Art mentaler Falle. Zum Glück für Hans kommt Grete in den Raum. Grete ist ruhig und gefasst und weiß, dass Hans glaubt, er sähe eine Schlange. Sie kann das Licht einschalten und erklären, dass da keine Schlange ist, sondern in Wirklichkeit eine Krawatte. Die Erleichterung, die Hans erfährt, wenn er davon überzeugt ist, dass er in Sicherheit ist, ist nichts anderes als das, was die Buddhisten „Nirvâna" nennen – Befreiung oder Freiheit. Aber Hans' Erleichterung basiert auf dem Trugschluss, dass er aus einer Gefahr gerettet worden sei, obwohl da gar keine Schlange gewesen ist und es von Anfang an nichts gab, wovor er hätte Angst haben müssen.

Es ist wichtig zu begreifen, dass Grete, wenn sie das Licht anschaltet und zeigt, dass da keine Schlange ist, damit auch sagt, es gäbe keine Abwesenheit einer Schlange. Sie kann mit anderen Worten nicht sagen: „Die Schlange ist jetzt fort", weil niemals eine Schlange da gewesen ist. Sie hat die Schlange nicht verschwinden lassen, so wie auch Siddhârtha Leerheit nicht gemacht hat. Darum insistierte Siddhârtha, dass er das Leiden anderer nicht mit einer Handbewegung wegwischen könne. Noch könne er anderen seine eigene Befreiung schenken oder sie ihnen Stück für Stück zukommen lassen, wie eine Art Belohnung. Alles, was er konnte, war, aus seiner Erfahrung zu erklären, dass es von vornherein überhaupt kein Leiden gegeben hat – so als würde er für uns das Licht einschalten.

Wenn Grete Hans vor Schreck erstarrt vorfindet, hat sie mehrere Möglichkeiten zu reagieren. Sie kann direkt darauf hinweisen, dass da keine Schlange ist, oder sie kann ein geschicktes Mittel anwenden wie etwa, „die Schlange" aus dem Zimmer zu geleiten. Aber wenn Hans von seiner Angst dermaßen paralysiert ist, dass er die Schlange selbst bei eingeschaltetem Licht nicht als Krawatte zu erkennen vermag, und wenn Grete nicht geschickt vorgeht, kann sie die Sache noch schlimmer machen. Wenn sie etwa die Krawatte vor Hans' Gesicht baumeln lässt, könnte er einen Herzanfall erleiden. Aber wenn Grete geschickt ist und erkennt, wie Hans einer Illusion erliegt, kann sie sagen: „Ja, ich sehe die Schlange", und sie kann die Krawatte behutsam aus dem Zimmer bringen, damit Hans sich erst einmal sicher fühlt. Vielleicht kann er dann, wenn er sich wieder entspannt hat, behutsam an den Punkt gebracht werden zu erkennen, dass da niemals eine Schlange gewesen ist.

Wäre Hans niemals in das Zimmer gegangen und es wäre zu keiner Fehlwahrnehmung gekommen, dann wäre das ganze Szenario des Sehens oder Nicht-Sehens einer Schlange null und nichtig. Weil er aber eine Schlange gesehen hat und in dem Szenario gefangen und starr vor Angst ist, sucht er ein Mittel, der Situation zu entkommen. Siddhârthas Lehren sind eine Methode für eine solche Befreiung. Der Dharma wird manchmal als der „heilige" Pfad bezeichnet, obwohl es im Buddhismus genau genommen nichts Göttliches gibt. Ein Pfad ist eine Methode oder ein Werkzeug, das uns von einem Platz zum anderen führt; in diesem Fall führt uns der Pfad aus der Unwissenheit zur Abwesenheit von Unwissenheit. Wir benutzen die Wörter „heilig" oder „ehrwürdig", weil die Weisheit des Dharma uns von Angst und Leiden befreien kann, was im Allgemeinen die Aufgabe des Göttlichen ist.

Unsere alltäglichen Lebenserfahrungen sind voller Unsicherheit, gelegentlicher Freuden, Ängste und Gefühle, die sich wie eine Schlange um uns winden. Unsere Hoffnungen, Ängste, Ambitionen und die allgemeine Hysterie schaffen die Dunkelheit und die Schatten, die es der Illusion der Schlange gestatten, sogar noch lebendiger zu werden. Wie der Angsthase Hans jagen wir in allen Ecken des verdunkelten Raumes Lösungen hinterher. Der einzige Zweck der Lehren Siddhârthas ist, Angsthasen wie uns begreiflich zu machen, dass unser Leiden und unsere Paranoia sämtlich auf Illusionen gegründet sind.

Auch wenn Siddhârtha Leiden nicht mit dem Wink eines Zauberstabs oder mit göttlicher Macht auslöschen konnte, war er sehr geschickt, wenn es darum ging, das Licht anzumachen. Er stellte viele Wege und Methoden zur Entdeckung der Wahrheit zur Verfügung. Tatsächlich gibt es im Buddhismus Zehntausende von Pfaden, denen man folgen kann. Man mag sich fragen, warum man diese nicht zu einer einzigen Methode vereinfacht. Es gibt einen guten Grund dafür: So wie man für die unterschiedlichen Krankheiten eine Vielfalt von Medikamenten braucht, verlangt es auch eine Vielfalt von Methoden, um mit den verschiedenen Arten von Gewohnheiten, Kulturen und Einstellungen umzugehen. Welche Methode eingesetzt wird, hängt vom Geisteszustand des Schülers und vom Können des Lehrers ab. Statt jedermann gleich zu Anfang mit der Leerheit vor den Kopf zu stoßen, unterwies Siddhârtha seine zahlreichen Schüler mit gängigen Methoden wie Meditation und Verhaltensregeln – „Tue Rechtes, stiehl nicht, lüge nicht." Er verschrieb verschiedene Ebenen der Entsagung und Disziplin, vom Scheren des Kopfes bis zur Abstinenz von Fleisch, je nach der Natur des Schülers. Scheinbar religiöse und strenge Pfade funktionieren gut für jene, die mit der Leerheit anfangs nichts anzufangen wissen, sowie für jene, die einen Hang zur Askese haben.

Wie der Buddha lehrte: Dharma als Placebo

Manche Menschen glauben, strenge Regeln und tugendhafte Taten wären die Essenz des Buddhismus, aber sie bilden nur eine kleine Komponente in Buddhas geschickten und vielfältigen Methoden. Er wusste: Nicht jeder ist gleich von Anfang an in der Lage, die höchsten Wahrheiten zu verstehen. Für viele von uns ist es schwer, Konzepte wie „Hölle ist einfach nur die Wahrnehmung deiner eigenen Aggression" zu verarbeiten, geschweige denn das Konzept der Leerheit. Der Buddha will Hans nicht in einer persönlichen „Hölle" gefangen halten, aber er kann ihm auch nicht sagen, er solle mit seinen Wahrnehmungen und Aggressionen arbeiten, denn

Hans ist ein Dummkopf. Also lehrt der Buddha um Hans' willen, es gäbe eine Hölle außerhalb von uns, und um zu verhindern, dass er in die Hölle komme und in geschmolzenem Eisen gekocht werde, müsse Hans aufhören, seine untugendhaften, negativen Handlungen und Gefühle zu hegen und pflegen.

Solche Lehren findet man überall in buddhistischen Umgebungen; sehr oft sehen wir in Malereien an den Wänden buddhistischer Tempel Höllenbereiche dargestellt, mit allem was dazu gehört an brennenden Körpern und schrecklichen Schluchten voll eisig kalten Wassers. Je nach dem Auffassungsvermögen des Schülers können diese Bilder wörtlich oder im übertragenen Sinne verstanden werden. Wer höher entwickelte Fähigkeiten hat, der weiß, dass die Quelle unserer alltäglichen Hölle, unser Leiden, von unserer eigenen Wahrnehmung herrührt. Er weiß, es gibt kein Jüngstes Gericht und keinen Richter. Als Milarepa im Yakhorn erschien, war Rechungpa auf dem Weg, selbst ein großer Meister zu werden. Er hatte ein enormes Vermögen, Leerheit intellektuell zu verstehen, und genügend Verwirklichung erlangt, um Milarepa tatsächlich im Yakhorn zu *sehen*. Aber seine Verwirklichung ging nicht so weit, dass er seinem Meister folgen konnte. Buddhas letztendliches Ziel ist es, Hans ebenso wie den höher entwickelten Schülern verständlich zu machen, dass es – außer in seiner eigenen Aggression und Unwissenheit – keine Hölle gibt. Indem Hans zunächst einmal seine negativen Handlungen minimiert, wird er davon abgelenkt, sich noch mehr von seinen Wahrnehmungen, Befürchtungen und seiner Paranoia einwickeln zu lassen.

Das Wort „Karma" ist praktisch synonym mit Buddhismus. Es wird meist als eine Art moralisches Vergeltungssystem aufgefasst: „schlechtes Karma" und „gutes Karma". Aber Karma ist einfach ein Gesetz von Ursache und Wirkung und sollte nicht mit Moral oder Ethik verwechselt werden. Niemand, einschließlich des Buddha, konnte jemals eine verbindliche Messlatte dessen aufstellen, was negativ und was positiv ist. Jegliche Motivation und jedes Handeln, die uns von solchen Wahrheiten wie „alle zusammengesetzten Dinge sind vergänglich" abbringen, können negative Konsequenzen oder „schlechtes Karma" zur Folge haben. Und jedes Tun, das uns näher an ein Begreifen solcher Wahrheiten wie „alle Gefühle sind Schmerz" heranbringt, kann positive Konsequenzen oder „gutes Karma" zur Folge haben. In letzter Konsequenz ist es nicht an Buddha zu urteilen; nur Sie selbst können wirklich die Motivation hinter Ihren eigenen Handlungen kennen.

In einem Gespräch mit seinem Schüler Subhuti sagte Siddhârtha: „Jene, die den Buddha als Form sehen, und jene, die den Buddha als einen Klang hören, haben die falsche Sichtweise." Vierhundert Jahre später stimmte der große indische buddhistische Gelehrte Nâgârjuna dem zu. In seiner berühmten Abhandlung über buddhistische Philosophie widmete er ein ganzes Kapitel der „Analyse des Buddha" und zog den Schluss, dass es letztlich keinen äußerlich existierenden Buddha gäbe. Sogar heute noch ist es nicht ungewöhnlich, Buddhisten sagen zu hören: „Wenn du Buddha auf dem Weg begegnest, töte ihn." Dies ist natürlich im übertragenen Sinne gemeint – man sollte ihn bestimmt nicht umbringen. Es bedeutet, dass der reale Buddha kein äußerlich existierender Erlöser ist, der an Zeit und Raum gebunden ist.

Andererseits erschien ein Mann namens Siddhârtha, der als Gautama Buddha bekannt wurde, auf dieser Erde und wanderte um Almosen bettelnd barfuß durch die Straßen von Magadha. Dieser Buddha hielt Predigten, nährte die Kranken und besuchte sogar seine Familie in Kapilavastu. Buddhisten werden nicht abstreiten, dass es diesen Buddha als Mensch aus Fleisch und Blut im fünften Jahrhundert v. Chr. in Indien wirklich gegeben hat –, denn wir haben historische Berichte, wie er über Jahrhunderte eine Inspirationsquelle für Indien war. Er war ein großer Lehrmeister, der erste in einer langen Übertragungslinie von gelehrten Meistern und Schülern. Nicht mehr als das. Doch für einen ernsthaft Suchenden ist Inspiration alles.

Siddhârtha benutzte viele geschickte Mittel, um die Menschen zu inspirieren. Eines Tages bemerkte ein Mönch einen Riss in Gautama Buddhas Robe und bot an, sie zu stopfen, aber der Buddha lehnte sein Angebot ab. Er wanderte und bettelte weiter in seiner zerrissenen Robe. Als er sich dann aufmachte, um eine leidende Frau in ihrem Unterschlupf aufzusuchen, waren die Mönche irritiert, denn sie wussten, dass sie keine Almosen zu geben hatte. Als die Frau Buddhas zerrissene Robe sah, bot sie an, sie mit dem letzten Garn, das sie besaß, zu flicken. Siddhârtha nahm an und erklärte, diese Tugend würde es ihr erlauben, in ihrem nächsten Leben als eine himmlische Königin wiedergeboren zu werden. Viele Menschen, die diese Geschichte gehört haben, wurden ihrerseits zu großmütigen Taten angeregt.

In einer anderen Geschichte warnte Siddhârtha einen Schlachter, dass Töten negatives Karma hervorbrächte. Aber der Schlachter sagte: „Das ist alles, was ich kann, es ist mein Lebensunterhalt." Daraufhin sagte Siddhârtha dem Schlachter, er solle wenigstens ein Gelübde ablegen, in der Zeit von Sonnenuntergang bis Sonnenaufgang nicht zu töten. Er gab dem Schlachter damit keine Erlaubnis, am Tage zu schlachten, leitete ihn aber an, allmählich seine unheilsamen Handlungen zu verringern. Dies sind Beispiele für die geschickten Mittel, die Buddha anwendete, um den Dharma zu lehren. Er hatte nicht gesagt, die arme Frau würde in den Himmel kommen, weil sie *seine* Robe geflickt hatte, so als wäre er ein Gott. Es war ihre eigene Großzügigkeit, die ihr Glück verursacht hat.

Sie mögen vielleicht denken, dies sei ein Paradox, der Buddha würde sich selbst widersprechen, wenn er einerseits behauptet, er existiere nicht und alles sei leer, und dann andererseits Moral und Erlösung predigte. Aber diese Methoden sind notwendig, um Leute nicht abzuschrecken, die noch nicht bereit sind, mit der Leerheit bekannt gemacht zu werden. Sie werden so befriedet und auf die wahren Lehren vorbereitet. Es ist, als sagte man: „Es *gibt* eine Schlange" und würfe die Krawatte aus dem Fenster. Diese unendlich vielfältigen Methoden sind der Weg. Doch auch den Weg muss man schließlich zurücklassen, so wie man ein Boot zurücklässt, wenn man das andere Ufer erreicht hat. Sie müssen aussteigen, sobald Sie angekommen sind. Am Punkt der vollkommenen Verwirklichung müssen Sie den Buddha hinter sich lassen. Der spirituelle Pfad ist eine behelfsmäßige Lösung, ein Placebo, das benutzt wird, bis die Leerheit begriffen worden ist.

Vom Nutzen des Begreifens

Vielleicht überlegen Sie immer noch: Was für Vorteile hat es, Leerheit zu begreifen? Durch das Begreifen von Leerheit pflegen Sie eine Wertschätzung für alle Dinge, die zu existieren scheinen, ohne aber an der Illusion festzuhalten, sie seien real, und ohne ständig die Enttäuschung eines Kindes zu erleben, das einem Regenbogen hinterherjagt. Sie durchschauen die Illusionen und erinnern sich daran, dass das Ich sie überhaupt erst geschaffen hat. Sie können immer noch aufgewühlt oder emotional, traurig, wütend oder leidenschaftlich werden, aber Sie haben das Zutrauen eines Kinobesuchers, der weiß, dass er das Drama hinter sich lassen kann, weil ihm klar ist, dass es nur ein Film ist. Ihre Hoffnungen und Ängste sind also zumindest leicht zu zerstreuen, so als wenn Sie erkennen, dass die Schlange nur eine Krawatte ist.

Wenn wir die Leerheit nicht vollkommen realisiert haben, wenn wir nicht gänzlich begriffen haben, dass alle Dinge illusorisch sind, dann erscheint die Welt real, greifbar und solide. Unsere Hoffnungen und Ängste werden ebenso fest und somit unkontrollierbar. Wenn Sie zum Beispiel den festen Glauben an Ihre Familie haben, gehen Sie von der tief sitzenden Erwartung aus, dass Ihre Eltern sich um Sie kümmern werden. Von einem Fremden auf der Straße erwarten Sie das nicht; er hat keine solche Verpflichtung. Wenn Sie die Zusammengesetztheit der Phänomene sowie die Leerheit begreifen, lassen Sie in einer Beziehung etwas mehr Raum zu. Wenn Sie beginnen, die verschiedenen Erfahrungen, den Druck und die Umstände, die Ihre Eltern geformt haben, zu erkennen, verändern sich Ihre Erwartungen ihnen gegenüber und Ihre Enttäuschung nimmt ab. Wenn einige unter uns selbst Eltern werden, mildert sogar ein wenig Verständnis der wechselseitigen Abhängigkeit effektiv unsere Erwartungen an unsere Kinder, was diese als Liebe interpretieren können. Ohne dieses Verständnis mögen wir gute Absichten haben, unsere Kinder zu lieben und für sie zu sorgen, aber unsere Erwartungen und Anforderungen können für sie unerträglich werden.

Wenn Sie Leerheit begreifen, verlieren Sie auch das Interesse an dem ganzen gesellschaftlichen Drum und Dran und an den Glaubenssätzen, die die Gesellschaft aufbaut und niederreißt – politische Systeme, Wissenschaft und Technologie, Weltwirtschaft, freie Gesellschaft und die Vereinten Nationen. Sie werden wie ein Erwachsener, der sich nicht mehr sonderlich für Kinderspiele interessiert. So viele Jahre lang haben Sie diesen Institutionen vertraut und geglaubt, dass sie dort Erfolg haben könnten, wo andere vergangene Systeme versagt haben. Aber die Welt ist immer noch nicht sicherer, angenehmer und verlässlicher geworden.

Das soll nicht heißen, Sie sollten zum Aussteiger aus der Gesellschaft werden. Leerheit begriffen zu haben heißt nicht, gleichgültig zu werden. Im Gegenteil, Sie entwickeln ein Gefühl von Verantwortung und Mitgefühl. Wenn Hans heult, eine Szene macht und jeden anbrüllt, man solle aufhören, ihm Schlangen ins Haus zu bringen, und Sie wissen, dass dies aufgrund seiner Verblendung geschieht, dann zeigen Sie Anteilnahme. Andere sind vielleicht nicht so mitfühlend, aber Sie können Hans zuliebe einige Lichter anschalten. Auf einer groben Ebene werden Sie weiterhin für Ihre Grundrechte kämpfen, einer Arbeit nachgehen und innerhalb des Systems politisch aktiv sein, aber wenn sich die Situation ändert, entweder zu Ihren Gunsten oder zu Ihrem Nachteil, sind Sie vorbereitet. Sie glauben nicht blindlings, dass alles, was Sie sich wünschen und was Sie erwarten, sich auch manifestieren muss, und Sie hängen nicht am Endergebnis fest.

In den meisten Fällen ziehen wir es vor, im Dunkeln zu tappen. Wir sind nicht fähig, die Illusionen zu erkennen, die unser Alltagsleben hervorbringt, weil wir nicht den Mut haben, aus dem Netzwerk auszubrechen, in das wir eingebunden sind. Wir glauben, dass es uns gut geht oder bald besser gehen wird, wenn wir nur so weitermachen wie bisher. Es ist so, als würden wir einen Irrgarten betreten, durch den wir schon eine gewohnheitsmäßige Route haben, und uns weigern, andere Richtungen zu erforschen. Wir lassen uns nicht auf ein Abenteuer ein, weil wir glauben, wir hätten so viel zu verlieren. Wir haben Angst, dass wir von der Gesellschaft ausgestoßen werden, unsere Seriosität verlieren und damit auch unsere Freunde, unsere Familie und unseren Job, wenn wir die Welt aus der Sicht der Leerheit sehen würden. Und die verführerischen Verlockungen der illusorischen Welt sind auch nicht gerade eine Hilfe; sie sind allzu schön verpackt. Wir werden mit Botschaften bombardiert über Seife, die uns himmlisch duften lässt, wie wunderbar eine neue Diät ist, dass Demokratie das einzig funktionierende Regierungssystem ist und Vitamine unsere Ausdauer verstärken. Nur selten hören wir mehr als eine Seite der Wahrheit, und bei den seltenen Anlässen, wo sie überhaupt ausgesprochen wird, steht sie meist im Kleingedruckten. Stellen Sie sich vor, George W. Bush marschierte in den Irak ein und verkündete: *Die Demokratie amerikanischen Stils kann in Ihrem Land funktionieren – oder auch nicht.*

Wie ein Kind im Kino verlieren wir uns in der Illusion. Daher stammen all unsere Eitelkeit, unser Ehrgeiz und unsere Unsicherheit. Wir verlieben uns in die Illusionen, die wir geschaffen haben, und entwickeln maßlosen Stolz auf unser Aussehen, unseren Besitz und das, was wir geleistet haben. Es ist, als trügen wir eine Maske und glaubten voller Stolz, wir wären wirklich diese Maske.

Es waren einmal fünfhundert Affen, von denen einer glaubte, er sei besonders schlau. Eines Nachts sah dieser Affe die Spiegelung des Mondes im See. Stolz informierte er alle anderen: „Wenn wir zum See gehen und den Mond herausholen, werden wir die Helden sein, die den Mond gerettet haben." Die anderen Affen glaubten ihm zuerst nicht. Doch dann sahen sie mit eigenen Augen, dass der Mond in den See gefallen war, und beschlossen, ihn zu retten. Sie kletterten auf einen Baum und bildeten eine Kette, indem sie einander am Schwanz festhielten, damit sie den schimmernden Mond erreichen konnten. Als der letzte Affe gerade nach dem Mond greifen wollte, brach der Ast ab und alle fielen in den See. Sie konnten nicht schwimmen und kämpften alle im Wasser um ihr Leben, während das Bild des Mondes in den Wellen zersplitterte. Vom Hunger nach Ruhm und Originalität getrieben, sind wir wie diese Affen: Wir glauben, dass wir fürchterlich schlau im Entdecken von Dingen sind, und überzeugen unsere Mitmenschen, das zu sehen, was wir sehen, das zu denken, was wir denken – getrieben von dem Ehrgeiz, der Retter, der Oberschlaue oder der wirklich Einsichtige zu sein. Wir haben alle möglichen kleinen Ambitionen, wie etwa ein Mädchen zu beeindrucken, oder große Ambitionen, wie auf dem Mars zu landen. Und Mal für Mal landen wir im Wasser, ohne etwas zum Festhalten zu haben und ohne schwimmen zu können.

Nachdem er Leerheit begriffen hatte, war es Siddhârtha einerlei, ob er sich auf dem Kusha-Gras unter dem Bodhi-Baum oder auf Seidenkissen im Palast niederlegte. Der höhere Wert, der den mit Goldfäden durchzogenen Kissen zugeschrieben wird, ist ganz und gar ein Erzeugnis von menschlichem Ehrgeiz und menschlicher Begierde. Genau genommen könnte ein Bergeremit Kusha-Gras angenehmer und sauberer finden; und das Beste von allem ist, man muss sich keine Gedanken machen, wenn es abgenutzt ist. Sie müssen es nicht mit einem Anti-Katzen-Spray einsprühen, um zu verhindern, dass Ihre Katzen ihre Krallen hineinschlagen. Das Palastleben ist angefüllt von solchen „kostbaren Gegenständen", die der Pflege bedürfen. Wenn Siddhârtha aber gezwungen wäre, sich zu entscheiden, würde er die Grasmatte wählen, damit er nicht viel zu pflegen hätte.

Wir Menschen betrachten Toleranz als eine Tugend. Wenn wir unsere geistigen Fähigkeiten erweitern wollen, ist es wichtig, uns nicht nur mit dem zu begnügen, was bequem für uns ist und woran wir gewöhnt sind. Es ist hilfreich, wenn wir den Mut haben, über die Normen hinauszugehen und nicht innerhalb der üblichen Begrenzungen der Logik stecken bleiben. Wenn wir über die Grenzen hinausgehen können, werden wir erkennen, wie lächerlich einfach Leerheit ist. Milarepas Zuflucht in einem Yakhorn wird dann nicht überraschender sein als das Anziehen von einem Paar Handschuhe. Die Herausforderung liegt in unserem Haften an immer derselben alten Logik, Grammatik, an demselben alten Alphabet und denselben Zahlen-Gleichungen. Wenn wir es schaffen, uns an die zusammengesetzte Qualität dieser Gewohnheiten zu erinnern, dann können wir durch sie hindurchschneiden. Es ist nicht unmöglich, sie aufzubrechen. Alles, was es braucht, ist eine Situation, in der die Bedingungen exakt stimmen und eine dem Augenblick angemessene Information gegeben wird. Dann könnten Sie plötzlich erkennen, dass all die Werkzeuge, auf die Sie sich stützen, nicht so starr sind: sie sind elastisch und flexibel. Ihr Standpunkt wird sich verändern. Wenn jemand, dem Sie vertrauen, Ihnen erzählt, die Ehefrau, die Sie schon sein Jahren nicht mehr ausstehen können, sei eigentlich eine verkleidete Göttin des Reichtums, dann wird sich die Art und Weise, auf die Sie sie ansehen, in jeder Hinsicht ändern. Wenn Sie sich an einem köstlichen Steak mit allen möglichen Saucen in einem netten Restaurant erfreuen und jeden Bissen genießen, und der Küchenchef erzählt Ihnen, dass Sie da Menschenfleisch gegessen haben, dann verändert sich Ihre Erfahrung auch sofort um 180 Grad. Aus Ihrem Konzept von etwas „Köstlichem" wird plötzlich das Konzept von etwas „Abscheulichem".

Wenn Sie aus einem Traum über fünfhundert Elefanten erwachen, wundern Sie sich nicht, wie diese Elefanten in Ihr Schlafzimmer passen konnten, weil sie weder vor noch während noch nach Ihrem Traum existierten. Doch als Sie von ihnen träumten, waren sie vollkommen real. Eines Tages werden wir erkennen – und zwar nicht nur intellektuell –, dass es so etwas wie „groß" und „klein", „Gewinn" oder „Verlust" gar nicht gibt, dass alles relativ ist. Dann werden wir in der Lage sein zu verstehen, wie Milarepa in das Yakhorn passte und warum ein Tyrann wie König Ashoka sich dieser Wahrheit beugte und sich ihr unterwarf.

4
Nirvâna – jenseits von Vorstellungen

Nach buddhistischer Auffassung hat Siddhârtha vor diesem Leben, in dem er Erleuchtung erlangte, bereits zahllose Leben als Vogel, Affe, Elefant, König, Königin und viele als Bodhisattva gelebt – als ein Wesen, dessen einziges Ziel es ist, Unwissenheit zum Wohle aller Wesen zu überwinden. Aber erst in seinem Leben als indischer Prinz Siddhârtha besiegte er endlich Mâra unter dem Bodhi-Baum und erreichte schließlich das andere Ufer, die andere Seite von Samsâra. Dieses Stadium wird als „Nirvâna" bezeichnet. Nachdem er Nirvâna erlangt hatte, hielt er seine erste Predigt in Sarnath in der Nähe von Varanasi und lehrte während seines langen Lebens weiterhin in ganz Nordindien. Zu seinen Schülern gehörten Mönche und Nonnen, Könige und Kriegsherren, Kurtisanen und Kaufleute. Viele Mitglieder seiner Familie, einschließlich seiner Frau Yashodhara und seines Sohnes Rahula, entsagten der Welt. Er wurde in ganz Indien und darüber hinaus als erhabenes menschliches Wesen verehrt. Aber er wurde nicht unsterblich. Nach einem langen Leben als Lehrer starb er an einem Ort namens Kushinagar. In jenem Augenblick ging er sogar über Nirvâna hinaus in ein Stadium, das „Parinirvâna" genannt wird.

Der Himmel: Inbegriff von Ferien?

Nirvâna, Erleuchtung, Befreiung, Freiheit, Himmel – das sind Wörter, die viele Menschen in den Mund nehmen, die zu untersuchen aber nur wenige sich die Zeit nehmen. Wie wäre es, wenn man in einen dieser Zustände einträte? Auch wenn wir glauben mögen, Nirvâna sei etwas ganz anderes als der Himmel, haben unsere Vorstellungen von Himmel und Nirvâna doch in etwa die gleichen Züge. Nirvâna oder der Himmel – das ist der Ort, an den wir gehen, nachdem wir viele Jahre lang unsere Pflichten erfüllt und meditiert haben und brave Bürger gewesen sind. Wir werden vielen guten alten Freunden begegnen, denn es ist der Ort, an dem sich alle „guten" verstorbenen Leute versammeln, während alle nicht so guten toten Leute irgendwo da unten leiden müssen. Wir haben endlich die Gelegenheit, das Mysterium des Lebens zu ergründen, unvollendete Geschichten zu beenden, Dinge wiedergutzumachen und vielleicht in unsere früheren Leben zu blicken. Pausbackige Babys ohne Geschlechtsorgane fliegen umher und erledigen unsere Bügelwäsche.

Unser Aufenthaltsort entspricht all unseren Wünschen und Bedürfnissen und liegt in guter Lage in einer Wohngegend, in der viele andere Nirvâna-Bewohner leben, die sich an die Regeln halten. Wir müssen niemals unsere Türen und Fenster abschließen, und wahrscheinlich brauchen wir auch keine Polizei. Wenn es dort überhaupt Politiker gibt, sind sie alle verlässlich und vertrauenswürdig. Alles ist genauso, wie wir es gern mögen – es ist wie ein sehr komfortables Senioren-Wohnheim. Oder vielleicht stellen sich einige von uns das reinste nur denkbare weiße Licht vor, offene Weite, Regenbögen und Wolken, auf denen wir in einem Zustand der Glückseligkeit ruhen und unsere Kräfte der Hellsichtigkeit und Allwissenheit üben. Es gibt keinen Tod zu fürchten, denn wir sind ja bereits gestorben, und es gibt nichts zu verlieren. Das Einzige, das uns Sorgen machen könnte, sind einige unserer Freunde oder Verwandten, die wir zurücklassen mussten.

Siddhârtha fand heraus, dass diese Vorstellungen vom Leben nach dem Tod reine Phantasien sind. Wenn wir sie genau unter die Lupe nehmen, ist die typische Vorstellung vom Himmel – ebenso wie die vom Nirvâna – gar nicht mehr so attraktiv. Ruhestand, Flitterwochen und Picknicks sind sehr vergnüglich – aber nicht, wenn sie ewig dauern. Wenn unser Traumurlaub zu lange währt, bekommen wir Sehnsucht nach Zuhause. Wenn das vollkommene

Leben kein Wissen um Leiden oder Risiken enthält, könnte es ziemlich langweilig werden. Sobald Sie aber wissen, dass es diese Dinge gibt, haben Sie die Wahl – den Leidenden gegenüber entweder herablassend zu sein oder sich in sie einzufühlen. Das hat nichts Himmlisches. Hier in der irdischen Welt können wir Krimis, Thriller und Erotikfilme ansehen. Im Himmel können Sie keinen Spaß an anzüglicher Rede oder provokativer Kleidung haben, weil Sie, wenn Sie allwissend sind, wissen, was hinter all dem steckt. Wir können den Freitagabend nach einer harten Arbeitswoche genießen. Wir können uns an dem Wechsel der Jahreszeiten erfreuen und die neueste Software auf unserem Computer installieren. Wir können die Morgenzeitung aufschlagen und von all dem Unglück lesen, das in der Welt geschieht und unserer Phantasie freien Lauf lassen, was wir tun würden, wenn wir an der Stelle der Mächtigen der Welt stünden. Wir können all das tun, auch wenn viele unserer „schlichten Freuden" tatsächlich Probleme darstellen, und zwar nicht einmal versteckte Probleme. Wenn Sie gern mit einer Dose Bier in der Hand Fußball sehen, dann sind Sie gezwungen, das Spiel volle anderthalb Stunden anzuschauen, und sind nicht frei für andere Dinge; außerdem sind Sie Unterbrechungen gegenüber sehr empfindlich. Sie müssen für den Kabelanschluss und die Lebensmittel zahlen, Ihr Cholesterinspiegel könnte in die Höhe gehen und Sie laufen Gefahr, einen Herzanfall zu erleiden, wenn die andere Mannschaft ein Tor schießt.

Im Gegensatz dazu ist die Erleuchtung, wie wir sie uns vorstellen, eine unveränderliche, problemfreie Zone. Aber würden wir es überhaupt in einem Zustand aushalten, in dem es keine Hindernisse gibt? Wir müssten ohne viele der Reize, Errungenschaften und Arten der Unterhaltung auskommen, von denen wir glauben, sie würden unser Glück ausmachen. Sicherlich würde den Eminem-Fans im Himmel ganz schlecht von all der Harfenmusik werden; sie würden sein letztes Album mit all seinen anstößigen Ausdrücken hören wollen. Wenn die Erleuchtung so wäre, wie wir sie uns vorgestellt haben, wären wir nicht fähig, Spaß an einem spannenden Film zu haben, denn unsere Kraft der Allwissenheit würde das überraschende Ende irrelevant machen. Es gäbe keine Aufregung an den Rennstrecken, denn wir wüssten bereits, welches Pferd gewinnen wird.

Unsterblichkeit ist ein weiteres Attribut, das gemeinhin der Erleuchtung oder dem Himmel zugesprochen wird. Haben wir erst einmal unser neues Zuhause in den Wolken erreicht, werden wir niemals wieder sterben. Also bleibt uns nichts anderes übrig, als ewig zu leben. Wir hängen fest. Es gibt keinen Ausweg. Wir haben alles, wovon wir je geträumt haben, nur keinen Ausweg, keine Überraschungen, Herausforderungen, Befriedigungen – und keinen freien Willen, aber den brauchen wir auch nicht mehr. Wenn man all dies in Betracht zieht, ist Erleuchtung – aus unserer gegenwärtigen Perspektive gesehen – die höchste Form von Langeweile.

Aber die meisten von uns hinterfragen ihre Vorstellungen vom Leben nach dem Tode nicht weiter kritisch. Wir ziehen es vor, die Sache im Ungefähren zu halten – mit einer verschwommenen Idee, dass in dieser letzten Ruhestätte schon alles irgendwie gut sein wird. Die Erleuchtung, nach der wir uns sehnen, soll ewig sein, eine Art ständiger Wohnsitz. Oder manche mögen sich vorstellen, dass sie als eine Art Gottheit oder als ein höheres Wesen wiederkommen, das besondere Kräfte hat, die wir Normalsterblichen nicht haben. Sie besäßen dann engelhafte Immunität, wie ein Diplomat, der mit einem Sonderausweis reist. Und aufgrund ihrer Immunität und ihres hohen Ranges werden sie in der Lage sein, Visa zu besorgen und ihre Liebsten zu sich in den Himmel holen. Doch dann stellt sich folgende Frage: Wenn nun manche dieser Neuankömmlinge ihre eigenen festen Vorstellungen haben – vielleicht tragen sie gern auffällige Socken, die andere Himmelswesen ablenken –, würde es da nicht Probleme im Himmel geben? Und wenn allen „guten Menschen" die Himmels- oder Nirvâna-Mitgliedschaft zugebilligt wird, wessen Version von Glück wird sich dann durchsetzen?

Ganz gleich, wie wir es definieren mögen, das höchste Ziel eines jeden Wesens ist Glück. Es ist daher kein Wunder, dass Glück ein unerlässlicher Bestandteil der Definition von Himmel oder Erleuchtung ist. Ein gutes Leben nach dem Tode sollte uns schließlich all das gewähren, wonach wir unser Leben lang getrachtet haben. In unserer persönlichen Version vom Himmel leben wir im Allgemeinen in einem System, das unserem gegenwärtigen recht ähnlich ist, außer dass es ausgefeilter ist und die Dinge besser funktionieren.

Glück ist nicht das Ziel

Die meisten Menschen glauben, die höchste Erfüllung auf dem spirituellen Weg käme erst, nachdem dieses Leben vorüber ist. Vorher sind wir in dieser unreinen Umgebung und diesem unreinen Körper gefangen. Deshalb müssen wir sterben, damit wir die Früchte unserer Bemühungen voll genießen können. Erst nach dem Tod werden wir den göttlich erleuchteten Zustand erfahren. Also ist das Beste, was wir in diesem Leben tun können, uns darauf vorzubereiten. Was wir heute tun, bestimmt, ob wir in den Himmel oder in die Hölle kommen. Manche Menschen haben bereits die Hoffnung aufgegeben. Sie haben das Gefühl, dass sie von Natur aus schlecht oder böse sind und es nicht verdienen, in den Himmel zu kommen – sie sind prädestiniert für die Unterwelt. Vielen Buddhisten geht es ähnlich: Sie wissen intellektuell, dass jeder das gleiche Potential und die gleiche Natur hat wie Gautama Buddha, doch emotional fühlen sie, dass sie nicht die Qualitäten oder Fähigkeiten besitzen, um Zugang zu den goldenen Pforten der Erleuchtung zu erlangen. Jedenfalls nicht in diesem Leben.

Für Siddhârtha ist die letzte Ruhestätte von Himmel oder Nirvâna überhaupt kein Ort, sondern die Befreiung von der Zwangsjacke der Täuschung. Wenn Sie darauf bestehen, dass Ihnen ein spezieller Ort aufgezeigt wird, dann könnte es genau der Platz sein, auf dem Sie gerade sitzen. Für Siddhârtha war es der Sitz auf einem flachen, mit etwas Kusha-Gras bedeckten Stein unter dem Bodhi-Baum im heutigen indischen Staat Bihar. Jeder kann heute noch diesen Platz besuchen. Siddhârthas Version von Freiheit schließt niemanden aus. Sie ist in diesem Leben erreichbar und von dem Mut, der Weisheit und dem Eifer des Einzelnen abhängig. Es gibt niemanden, der dieses Potential nicht besäße – die Wesen in den Höllenbereichen eingeschlossen.

Es war nicht Siddhârthas Ziel, glücklich zu sein. Sein Pfad führt nicht unbedingt zu Glück. Stattdessen ist er ein direkter Weg zur Freiheit von Leiden, Freiheit von Täuschung und Verwirrung. Somit ist Nirvâna weder Glück noch Unglück – es geht über solche dualistischen Konzepte hinaus. Nirvâna ist Friede. Als Siddhârtha den Dharma lehrte, war es sein Ziel, Menschen wie Hans, die an ihrer Angst vor Schlangen leiden, vollkommen zu befreien. Das bedeutet, dass Hans über die Erleichterung, sich nicht in Gefahr vor einer Schlange zu befinden, hinausgehen muss. Er muss erkennen, dass es niemals eine Schlange gegeben hat, nur einen Giorgio-Armani-Schlips. Mit anderen Worten, es ist Siddhârthas Ziel, Hans' Leiden erst einmal zu erleichtern und ihm dann zu helfen zu erkennen, dass es von Anfang an keinen an sich bestehenden Grund für sein Leiden gab.

Wir könnten sagen, dass das bloße Begreifen der Wahrheit zur Erleuchtung führt. In dem Maße, in dem wir die Wahrheit begreifen, können wir durch die Stadien der Erleuchtung, die „Bodhisattva-Ebenen" genannt werden, voranschreiten. Wenn ein Kind von einem scheußlichen Ungeheuer im Theater erschreckt worden ist, kann man seine Angst mildern, indem man das Kind hinter der Bühne mit dem unkostümierten Schauspieler bekannt macht. Auf gleiche Weise sind Sie in dem Maße befreit, in dem Sie hinter alle Phänomene blicken und die Wahrheit begreifen können. Selbst wenn der Schauspieler nur seine Maske abnimmt, wird die Angst schon gemildert. Desgleichen gibt es eine entsprechende Befreiung, wenn man die Wahrheit teilweise versteht.

Ein Bildhauer kann eine schöne Skulptur erschaffen, aber er sollte sich hüten, sich in seine Schöpfung zu verlieben. Wie Pygmalion mit seiner Statue von Galatea, schaffen wir uns selber unsere

Freunde und auch unsere Feinde, aber wir vergessen, dass dem so ist. Aufgrund unseres Mangels an Achtsamkeit verwandeln sich unsere Schöpfungen in etwas Solides und Reales und wir verstricken uns immer mehr darin. Wenn Sie vollkommen – nicht nur auf der intellektuellen Ebene – begreifen, dass alles nur von Ihnen selbst geschaffen wurde, werden Sie frei sein.

Auch wenn Glück als reines Konzept verstanden wird, werden in buddhistischen Texten Begriffe wie „Große Glückseligkeit" zur Beschreibung von Erleuchtung verwendet. Nirvâna kann tatsächlich als ein freudvoller Zustand angesehen werden, denn nicht verwirrt und nicht unwissend, nicht glücklich oder unglücklich zu sein, das ist Glückseligkeit. Kann man die Quelle der Verwirrung und der Unwissenheit erkennen – beispielsweise dass die Schlange niemals existiert hat –, ist das sogar noch besser. Wir empfinden zwar große Erleichterung, wenn wir aus einem Alptraum erwachen, aber Glückseligkeit wäre, wenn wir gar nicht erst geträumt hätten. In diesem Sinne ist Glückseligkeit nicht dasselbe wie Glück. Siddhârtha betonte seinen Anhängern gegenüber die Sinnlosigkeit, in dieser oder einer kommenden Welt nach Frieden und Glück zu suchen, wenn es ihnen wirklich ernst sei, sich von Samsâra zu befreien.

Die Falle des Glücks

Der Buddha hatte einen Cousin namens Nanda, der eine seiner Frauen zutiefst und leidenschaftlich liebte. Sie waren voneinander besessen und Tag und Nacht unzertrennlich. Buddha wusste, dass es für seinen Cousin an der Zeit war, aus diesem Schwelgen zu erwachen, und er ging deshalb zu Nandas Palast, um dort um Almosen zu betteln. Besucher wurden üblicherweise abgewiesen, weil Nanda mit der Liebe zu beschäftigt war, aber der Buddha besaß einen besonderen Einfluss. Viele Leben lang hatte er niemals gelogen, und wegen dieses Verdienstes hatte er die Macht der überzeugenden Rede gewonnen. Als die Wache die Botschaft überbrachte, dass der

Buddha am Tor sei, erhob sich Nanda widerstrebend von seinem Liebeslager. Er fühlte sich verpflichtet, seinen Cousin zumindest zu begrüßen. Bevor er hinausging, feuchtete seine Frau ihren Finger an, zog mit ihrem Speichel einen Ring auf seine Stirn und sagte ihm, er müsse wiederkommen, bevor der Ring trocken sei. Als Nanda aber hinausging und seine Almosen darbrachte, lud ihn der Buddha ein, etwas wirklich Seltenes und Phantastisches anzusehen. Nanda suchte nach einer Entschuldigung, um sich der Besichtigungstour nicht anschließen zu müssen, aber der Buddha bestand darauf.

Die beiden wanderten zu einem Berg, wo viele Languren-Affen hausten, darunter eine besonders schief gewachsene einäugige Äffin. Buddha fragte Nanda: „Wer ist schöner, deine Frau oder dieser Affe?" Nanda antwortete natürlich, dass seine Frau die Schönste sei, und er beschrieb sie mit all ihren Vorzügen. Als er von ihr sprach, fiel ihm ein, dass der Speichel auf seiner Stirn schon lange getrocknet war, und er sehnte sich danach, nach Hause zurückzukehren. Doch stattdessen schleppte der Buddha ihn zum Tushita-Himmel, wo er ihm Hunderte von schönen Göttinnen und Berge himmlischen Reichtums zeigte. Buddha fragte: „Wer ist schöner, deine Frau oder die Göttinnen?" Dieses Mal verneigte sich Nanda und erwiderte, im Vergleich zu diesen Göttinnen sähe seine Frau aus wie eine Äffin. Dann zeigte Buddha Nanda den reich geschmückten Thron, der unbesetzt zwischen all den Schätzen, Göttinnen und Wächtern stand. Ehrfürchtig fragte Nanda: „Wessen Sitz ist das?" Buddha sagte ihm, er solle die Göttinnen fragen. Sie sagten: „Auf Erden gibt es einen Mann namens Nanda, der bald ein Mönch werden wird. Aufgrund seiner tugendhaften Taten wird er im Himmel wiedergeboren werden und diesen Thron einnehmen, so dass wir ihm dienen können." Sofort bat Nanda den Buddha, ihn zu ordinieren.

Sie kehrten in die irdische Welt zurück und Nanda wurde Mönch. Dann rief Buddha seinen zweiten Cousin, Ânanda, zu sich und befahl ihm, dafür zu sorgen, dass alle anderen Mönche Nanda mieden. Sie sollten ihm um jeden Preis ausweichen. „Gesellt euch nicht zu ihm", sagte Buddha, „denn eure Absichten unterscheiden sich von den seinen, und daher ist eure Sichtweise eine andere und natürlich handelt ihr auch anders. Ihr sucht nach Erleuchtung, er sucht nach Glück." Also gingen die Mönche Nanda aus dem Weg, und er wurde immer trauriger und einsamer. Er sprach mit Buddha über sein Gefühl, ausgegrenzt zu werden. Der Buddha forderte Nanda auf, noch einmal mit ihm zu kommen. Dieses Mal reisten sie in einen Höllenbereich, wo sie Zeugen aller möglichen Folterungen, Zerstückelungen und Erstickungsarten wurden. Inmitten all dieser Aktivitäten sahen sie einen riesigen Kessel stehen, um den sich die gesamte Höllenbelegschaft versammelt hatte und groß angelegte Vorbereitungen traf. Buddha forderte Nanda auf zu fragen, was sie täten. „Oh", antworteten sie, „auf Erden gibt es einen Mann namens Nanda, der jetzt ein Mönch ist. Deswegen wird er für lange Zeit in den Himmel kommen. Aber weil er die Wurzel von Samsâra nicht ausgemerzt hat, wird er sich zu sehr in den Freuden des göttlichen Bereichs verfangen und nicht danach trachten, weiter gute Bedingungen zu schaffen. Sein Verdienst wird sich erschöpfen und er wird schnurstracks in diesen Kessel fallen, damit wir ihn kochen können."

In diesem Augenblick begriff Nanda, dass er nicht nur dem Unglück, sondern auch dem Glück entsagen müsse.

Nandas Geschichte beschreibt, wie wir uns alle in lustvolles Schwelgen verstricken. Wie Nanda sind wir schnell dabei, ein Glück aufzugeben, wenn sich ein besseres bietet. Der einäugige Affe verstärkte Nandas Wahrnehmung der großen Schönheit seiner Frau, aber er zögerte nicht, sie aufzugeben, als er die Göttinnen sah. Wäre Erleuchtung einfach nur Glück, dann könnte sie ebenfalls verworfen werden, wenn etwas Besseres auftaucht. Glück ist ein allzu zerbrechliches Fundament, um unser Leben darauf zu gründen.

Wenn wir gewöhnliche Menschen an erleuchtete Wesen denken, dann zumeist im Rahmen unseres üblichen Vorstellungsvermögens. Es ist leichter, sich ein hypothetisches erleuchtetes Wesen weit weg in einer nebulösen Entfernung vorzustellen als ein gegenwärtiges, lebendiges, atmendes, erleuchtetes Wesen, weil ein solches Wesen unserer Vorstellung nach spektakulär sein und zusätzlich zu den besten menschlichen Eigenschaften auch noch überdurchschnittliche Wesenszüge und Talente haben muss. Manche glauben, man könne Erleuchtung erlangen, wenn man sich nur die allergrößte Mühe gäbe. Doch wenn wir ein solch überzogenes Bild der Erleuchtung im Kopf haben, bedeutet „sich allergrößte Mühe geben" wahrscheinlich, uns zu verausgaben und für Millionen von Lebenszeiten alle möglichen Annehmlichkeiten aufzugeben. Diese Gedanken mögen uns kommen – wenn wir uns überhaupt die Mühe machen, darüber nachzudenken, denn meistens haben wir Besseres zu tun. Es ist uns einfach *zu* anstrengend. Wenn wir erkennen, wie schwierig es bereits ist, sich seiner banalsten Gewohnheiten zu entledigen, scheint Erleuchtung außerhalb unserer Reichweite zu liegen. Wenn ich es nicht einmal schaffe, mit dem Rauchen aufzuhören, wie kann ich dann überhaupt an das Ablegen von Gewohnheiten wie Leidenschaft, Wut und Verleugnung denken? Viele glauben, man müsste jemanden wie einen Erlöser oder einen Guru ernennen, der den ganzen Reinigungskram für uns erledigt, weil wir es uns nicht zutrauen, es allein zu schaffen. Aber all dieser Pessimismus ist überflüssig, wenn wir die richtigen Informationen über die Wahrheit der wechselseitigen Abhängigkeit haben, sowie ein wenig Disziplin, um sie anzuwenden.

Hoffnung und ursprüngliche Reinheit

Erleuchtung transzendiert Zweifel, so wie durch Erfahrung erworbenes Wissen Zweifel transzendiert. Wir müssen zu dem vollkommenen Begreifen gelangen, dass die Verunreinigungen und Verwirrungen, die unsere Erleuchtung verhindern, nicht festgeschrieben sind. So hartnäckig und dauerhaft unsere Hindernisse auch erscheinen mögen, sie sind in Wirklichkeit nur instabile, zusammengesetzte Phänomene. Begreifen wir, dass zusammengesetzte Phänomene abhängig sind und manipuliert werden können, führt uns das zum Erkennen der vergänglichen Natur der Hindernisse und zu der Schlussfolgerung, dass man sie völlig beseitigen kann.

Unsere wahre Natur ist wie ein Weinglas, und unsere Verunreinigungen und Verdunkelungen sind wie Schmutz und Fingerabdrücke. Wenn wir das Glas kaufen, hat es keine ursprünglich existierenden Fingerabdrücke. Wenn es beschmutzt wird, denkt der gewöhnliche Verstand, das Glas *sei* schmutzig, nicht aber, das Glas *habe* Schmutz. Seine Natur ist nicht schmutzig – es ist ein Glas mit etwas Schmutz und Fingerabdrücken darauf. Diese Unreinheiten lassen sich entfernen. Wäre das Glas an sich schmutzig, hätte man keine andere Wahl, als es loszuwerden, weil der Schmutz und das Glas in einer Sache vereinigt wären: in einem schmutzigen Glas. Das ist aber nicht der Fall. Der Schmutz, die Fingerabdrücke und andere Substanzen erscheinen aufgrund einer Reihe von Umständen auf dem Glas. Sie sind zeitlich begrenzt. Wir können alle möglichen Methoden benutzen, um den Schmutz abzuwaschen. Wir können das Glas im Fluss oder im Spülbecken oder in der Spülmaschine waschen oder das Dienstmädchen beauftragen, es abzuwaschen. Aber ganz gleich, welche Methode wir verwenden, die Absicht bleibt, den Schmutz zu entfernen, nicht das Glas. Es gibt einen großen Unterschied zwischen dem Waschen des Glases und dem Waschen des Schmutzes. Wir könnten einwenden, das sei nur eine semantische Unterscheidung, und wenn wir sagen, wir wüschen ab, meinten wir damit, alle Unreinheiten vom Geschirr abzuwaschen – in diesem Fall wäre Siddhârtha einverstanden. Wenn wir aber denken, das Glas würde dadurch irgendwie anders als zuvor, dann ist das ein Trugschluss. Weil das Glas keine ihm eigentümlichen Fingerabdrücke besitzt, wird das Glas nicht transformiert, wenn Sie den Schmutz entfernen – es ist dasselbe Glas, das Sie im Geschäft gekauft haben.

Wenn wir von uns glauben, wir seien von Natur aus wütend und unwissend und deshalb unsere Fähigkeit, Erleuchtung zu erlangen, anzweifeln, glauben wir, unsere wahre Natur sei dauerhaft unrein und besudelt. Aber wie bei den Fingerabdrücken auf dem Weinglas sind diese Gefühle nicht Bestandteil unserer wahren Natur. Wir haben lediglich Schadstoffe aus allen möglichen ungünstigen Situationen angesammelt, wie etwa sich mit untugendhaften Menschen abzugeben oder die Konsequenzen unseres Handelns nicht zu erkennen. Die ursprüngliche Abwesenheit von Verunreinigungen, die reine Natur des Ich, wird oft „Buddha-Natur" genannt. Doch die Verunreinigungen und die daraus folgenden Gefühle waren so lange vorhanden und sind so stark geworden, dass sie zu unserer zweiten Natur geworden sind, die uns immer überschattet. Es ist daher nicht verwunderlich, wenn wir denken, es gäbe keine Hoffnung.

Damit sie wieder Hoffnung gewinnen, könnten jene, die dem buddhistischen Pfad folgen, anfangs denken: *Mein Weinglas lässt sich säubern* oder *meine Existenz kann von Negativität gereinigt werden*. Dies ist eine etwas naive Art und Weise, die Situation zu betrachten – wie bei Hans, der dachte, die Schlange müsse entfernt werden. Dennoch ist es ein manchmal notwendiger, vorläufiger Schritt, bevor wir die ursprüngliche, wahre Natur der Dinge erkennen können. Wenn es uns nicht möglich ist, die ursprünglich vorhandene Reinheit aller Phänomene wahrzunehmen, hilft es uns voranzukommen, wenn wir wenigstens glauben, dass ein reines Stadium erreicht werden kann. Wie Hans, der die Schlange loswerden will, wollen wir unsere Verdunkelungen loswerden, und wir haben den Mut, es zu versuchen, weil wir wissen, dass es möglich ist. Wir müssen einfach die rechten Mittel anwenden, um die Ursachen und Bedingungen unserer Verunreinigungen zu schwächen oder ihr Gegenteil zu stärken – zum Beispiel Liebe und Mitgefühl anwachsen lassen, um Zorn zu besiegen. Genauso wie unser Enthusiasmus für das Abwaschen auf dem Vertrauen beruht, dass wir ein sauberes Glas bekommen werden, stammt unser Enthusiasmus für die Entfernung unserer Verdunkelungen von dem Vertrauen, dass wir Buddha-Natur besitzen. Wir haben das Vertrauen, unser schmutziges Geschirr in die Spülmaschine zu stellen, weil wir wissen, dass die Essensreste entfernt werden können. Würde man uns auffordern, Kohle zu waschen, um sie weiß zu machen, hätten wir sicherlich keinen solchen Enthusiasmus und kein solches Vertrauen.

Ein Licht in stürmischer Nacht

Wie aber kann man die Buddha-Natur inmitten von so viel Unwissenheit, Dunkelheit und Verwirrung aufspüren? Der erste Hoffnungsschimmer für verirrte Seeleute taucht auf, wenn sie einen Lichtstrahl durch die stürmische Nacht blitzen sehen. Steuern sie darauf zu, kommen sie zur Quelle des Lichts, dem Leuchtturm. Liebe und Mitgefühl sind wie das Licht, das aus der Buddha-Natur entspringt. Anfangs ist Buddha-Natur ein reines Konzept, das über unser Vorstellungsvermögen hinausgeht, aber wenn wir Liebe und Mitgefühl entwickeln, bewegen wir uns schließlich darauf zu. Vielleicht ist es schwierig, die Buddha-Natur in jenen Menschen zu sehen, die sich in der Dunkelheit von Gier, Hass und Unwissenheit verirrt haben. Ihre Buddha-Natur ist so weit entfernt, dass wir glauben könnten, sie sei gar nicht vorhanden. Aber selbst in den düstersten und gewalttätigsten Menschen gibt es ein Aufblitzen von Liebe und Mitgefühl, wenn auch nur kurz und schwach. Wenn sie diese seltenen Momente des Aufleuchtens beachten und die Energie aufwenden, sich auf das Licht zu zu bewegen, dann lässt sich auch ihre Buddha-Natur aufdecken.

Aus diesem Grunde werden Liebe und Mitgefühl als der sicherste Weg zur völligen Abwesenheit von Unwissenheit gepriesen. Zu Siddhârthas erster mitfühlenden Tat kam es in einer früheren Inkarnation an einem untypischen Ort: Er war nicht Bodhisattva, sondern Bewohner eines Höllenbereichs, in dem er als Ergebnis seines eigenen schlechten Karmas gelandet war. Er und ein weiteres Höllengeschöpf waren gezwungen, einen Wagen durch die

Höllenfeuer zu ziehen, während ein Dämonenmeister auf ihrem Rücken ritt und sie unbarmherzig peitschte. Siddhârtha war noch recht stark, aber sein Gefährte war sehr schwach und wurde deshalb noch boshafter geschlagen.

Beim Anblick seines gepeitschten Gefährten durchfuhr Siddhârtha ein plötzliches Mitgefühl wie ein stechender Schmerz. Er bat den Dämon: „Bitte lass ihn gehen, lass mich unser beider Last tragen." Voller Wut schlug der Dämon Siddhârtha den Schädel ein und Siddhârtha starb, nur um in einem höheren Bereich wiedergeboren zu werden. Dieser Funke des Erbarmens an der Schwelle des Todes wuchs weiter an und wurde in seinen späteren Wiedergeburten immer heller.

Neben Liebe und Erbarmen gibt es Myriaden anderer Wege, sich der Verwirklichung der Buddha-Natur zu nähern. Auch wenn wir unser eigenes grundlegendes Gutsein und das aller Wesen nur intellektuell verstehen, bringt uns dieses Verständnis der Vollendung bereits näher. Es ist, als hätten wir einen wertvollen Diamantring verlegt, wissen aber zumindest, dass er sich irgendwo im Haus befindet und nicht in freier Natur verloren gegangen ist.

Obgleich wir im Zusammenhang mit Erleuchtung Wörter wie „erlangen", „streben nach" oder „beten um" verwenden, erlangen wir Erleuchtung letztlich nicht aus einer äußeren Quelle. Eine treffendere Weise, es auszudrücken, wäre zu sagen: Wir ent-decken die Erleuchtung, die immer schon da war. Erleuchtung ist Teil unserer wahren Natur. Unsere wahre Natur ist wie eine goldene Statue, die sich noch in ihrer Gussform befindet, welche für unsere Verblendung und Unwissenheit steht. Weil die Unwissenheit und die Emotionen keine unserer Natur innewohnenden Bestandteile sind – wie auch die Gussform nicht Teil der Statue ist –, gibt es so etwas wie ursprüngliche Reinheit. Wenn die Form zerbrochen ist, kommt die Statue zum Vorschein. Wenn unsere Verunreinigungen entfernt sind, wird unsere wahre Buddha-Natur offenbar. Aber es ist wichtig zu verstehen, dass Buddha-Natur keine göttliche, wahrhaftig existierende Seele oder Substanz ist.

Wie fühlt sich Erleuchtung an?

Vielleicht fragen wir uns immer noch: *Was ist diese Erleuchtung, wenn sie weder Glück noch Unglück ist?* Wie tritt ein erleuchtetes Wesen auf und wie funktioniert es? Wie fühlt es sich an, unsere Buddha-Natur zu ent-decken?

In buddhistischen Texten lautet die Antwort auf diese Fragen meistens, die Erfahrung überschreite unsere Vorstellungen oder sei unaussprechlich. So mancher scheint das als eine listige Weise aufgefasst zu haben, sich um die Beantwortung der Frage zu drücken. Aber im Grunde *ist* es die Antwort. Unsere Logik, Sprache und Symbole sind so begrenzt, dass wir nicht einmal etwas so Banales wie das Gefühl der Erleichterung vollkommen ausdrücken können. Es ist einfach nicht möglich, einer anderen Person die gesamte Erfahrung der Erleuchtung mit Worten zu übermitteln. Wenn es selbst den Quantenphysikern schwerfällt, ihre Theorien in Worten auszudrücken, wie können wir da erwarten, Begriffe für die Erleuchtung zu finden? Solange wir in unserem momentanen Stadium feststecken, in dem nur ein begrenztes Maß an Logik und Sprache verwendet wird und wir noch im Griff von Gefühlen sind, können wir uns nur vorstellen, wie es wäre, wenn man erleuchtet ist. Aber manchmal können wir mit Sorgfalt und schlussfolgernder Logik eine ungefähre Vorstellung bekommen, so wie Sie den berechtigten Schluss ziehen können, dass es, wenn Sie Rauch von einem Berggipfel aufsteigen sehen, dort ein Feuer gibt. Indem wir das benutzen, was wir haben, können wir beginnen zu erkennen und zu akzeptieren, dass unsere Verdunkelungen auf Ursachen und Bedingungen beruhen, die beeinflusst und letztlich gereinigt werden können. Der erste Schritt zum Begreifen der Natur der Erleuchtung ist, sich die Abwesenheit unserer verblendeten Gefühle und unserer Negativität vorzustellen.

Nehmen wir einmal an, Sie litten an Kopfschmerzen. Sie wünschen sich sofortige Erleuchtung, was möglich ist, wenn Sie anerkennen, dass die Kopfschmerzen nicht Bestandteil Ihres ursprünglichen Wesens sind. Als Nächstes versuchen Sie herauszufinden, was die Ursache der Kopfschmerzen ist – Mangel an Schlaf zum Beispiel. Dann wenden Sie ein angemessenes Mittel an, um die Kopfschmerzen zu beheben, wie etwa eine Schmerztablette zu nehmen oder ein Nickerchen zu machen.

In seiner ersten Lehrrede in Varanasi lehrte Siddhârtha die folgenden vier Schritte, die gemeinhin als die Vier Edlen Wahrheiten bekannt sind: das Leiden kennen, die Ursachen des Leidens loslassen, den Weg zur Beendigung des Leidens anwenden und das Wissen um ein mögliches Ende des Leidens. Manche mögen sich fragen, warum Siddhârtha auf den Punkt „das Leiden kennen" hinweisen musste. Sind wir nicht intelligent genug, um zu wissen, wann wir Schmerzen erleiden? Leider erkennen wir Schmerz und Leiden nur, wenn sie sich bereits im Stadium ihrer vollständigen Ausprägung befinden. Es ist nicht so einfach, jemanden, der gerade selig an seiner Eistüte leckt, davon zu überzeugen, dass er leidet. Aber dann erinnert er sich vielleicht an die Warnung des Arztes, seinen Cholesterinspiegel zu senken und abzunehmen. Und wenn Sie dieses scheinbare Vergnügen genauer untersuchen, von dem Moment an, als er sich sehnlichst ein Eis wünschte, bis hin zu seinen Sorgen über Fett und Cholesterin, dann erkennen Sie, dass es eine bange Zeit war.

Es ist leicht anzuerkennen, dass Gefühle wie etwa Zorn mit dem richtigen Mittel einen Nachmittag lang kontrolliert werden können, aber es ist eine mentale Herausforderung zu akzeptieren, dass eine Emotion vollkommen verschwinden kann. Wenn wir uns jemanden vorstellen können, der seinen Zorn teilweise abgelegt hat und im Allgemeinen ruhig und gelassen ist, können wir einen Schritt weitergehen und uns einen Menschen vorstellen, der Zorn dauerhaft abgelegt hat. Wie aber verhält sich jemand, der über alle Gefühle hinausgegangen ist? Der blindlings Fromme mag sich vielleicht ein sanftmütiges Wesen vorstellen, das im Schneidersitz auf einer Wolke sitzt. Die Skeptiker werden jedoch denken, solch ein Mensch müsse teilnahmslos und dumpf sein wie ein Stück Holz – wenn es überhaupt solch einen Menschen geben könne.

Auch wenn der erleuchtete Zustand unaussprechlich ist und der normale Geist ein erleuchtetes Wesen nicht zu erkennen vermag, können wir doch fragen: „Wer war Siddhârtha? Was hat er so Erstaunliches und Machtvolles getan? Welche außergewöhnlichen Leistungen hat er vollbracht?" Im Buddhismus wird ein erleuchtetes Wesen nicht nach übernatürlichen Taten, wie etwa dem Fliegen, oder nach physischen Attributen, wie beispielsweise einem dritten Auge, beurteilt. Obgleich der Buddha häufig als gelassen, goldfarben, mit sanften Händen und hoheitsvollem Gebaren beschrieben wird, gefallen solche Beschreibungen in erster Linie naiven Hinterwäldlern und Menschen wie unserem Hans. In den strikten buddhistischen Schriften werden Buddhas Fähigkeiten, zu fliegen und Wunder zu wirken, nicht betont. Tatsächlich werden Buddhas Anhänger in den Kernanweisungen immer wieder gewarnt, sich nicht von diesen unbedeutenden Eigenschaften beeindrucken zu lassen. Auch wenn er solche Talente besessen haben mag, wurden sie nie als seine größten Errungenschaften angesehen. Seine größte Errungenschaft war, die Wahrheit zu begreifen, denn es ist dieses Begreifen der Wahrheit, das uns ein für allemal vom Leiden befreit. Das ist das wahre Wunder. Buddha sah dasselbe Altern, dieselbe Krankheit und denselben Tod, die auch wir sehen, aber ihn trieb etwas dazu, die eigentlichen Ursachen herauszufinden, und auch das ist ein Wunder. Seine Erkenntnis, dass alle zusammengesetzten Dinge vergänglich sind, war sein höchster Triumph. Anstatt sich mit dem Sieg über einen äußerlich vorhandenen Feind zu brüsten, fand er heraus, dass unser wahrer Feind das Haften am Ich ist; und dieses Festhalten am Ich zu bezwingen, ist ein viel größeres Wunder als alle übernatürlichen realen oder eingebildeten Wunder.

Zwar nimmt die moderne Wissenschaft für sich in Anspruch, die Relativität von Zeit und Raum entdeckt zu haben, aber Siddhârtha kam schon vor 2500 Jahren ohne Forschungsstipendien oder wissenschaftliche Laboratorien zu derselben Schlussfolgerung – und auch das ist ein Wunder. Anders als seine Zeitgenossen (und viele unserer Zeitgenossen), die in der Auffassung feststeckten, unsere Freiheit hinge von der Gnade anderer ab, entdeckte er, dass jedes Wesen von Natur aus rein ist. Mit diesem Wissen ausgerüstet, haben alle Wesen die Macht, sich selbst zu befreien. Anstatt sich in eine lebenslange Kontemplation zurückzuziehen, besaß der Buddha das unglaubliche Erbarmen, seine bahnbrechenden Entdeckungen mit allen Wesen zu teilen, ungeachtet der Schwierigkeiten, sie zu lehren und zu verstehen. Er entwarf einen Pfad mit Zehntausenden von Methoden, von einfachen Praktiken wie der Opferung von Räucherwerk, dem aufrechten Sitzen und dem Beobachten des Atems bis hin zu komplexen Visualisierungen und Meditationen. Darin bestand seine außergewöhnliche Kraft.

Die Vorzüge des Transzendierens von Zeit und Raum

Nachdem Siddhârtha Erleuchtung erfahren hatte, wurde er als der Buddha bekannt. *Buddha* ist kein Name eines Menschen, es ist die Bezeichnung eines Geisteszustands. Das Wort „Buddha" bezeichnet eine einzige Eigenschaft mit zwei Aspekten: Ein Buddha ist ein „Vollendeter" und ein „Erwachter", mit anderen Worten jemand, der sich von Verunreinigungen geläutert und der Erkenntnis erlangt hat. Durch die Verwirklichung unter dem Bodhi-Baum erwachte der Buddha aus dem dualistischen Zustand, der tief in Konzepte verstrickt ist – wie das von Subjekt und Objekt. Er erkannte, dass nichts Zusammengesetztes dauerhaft bestehen kann. Er erkannte, dass kein Gefühl zur Glückseligkeit führt, sofern es vom anhaftenden Ich stammt. Er erkannte, dass es kein wirklich existierendes Ich und keine wirklich existierenden, wahrzunehmenden Phänomene gibt. Und er erkannte, dass sogar Erleuchtung jenseits von Konzepten ist. Diese Einsichten sind das, was wir „Buddhas Weisheit" nennen – ein Wissen um die ganze Wahrheit. Buddha wurde als allwissend bezeichnet. Das heißt nicht, dass der Buddha alle Universitäten der Welt besucht hatte und jedes Buch auswendig kannte. Solches Buchwissen lässt sich nicht mit erleuchtetem Wissen auf eine Stufe stellen, weil es dualistisches Wissen ist, das auf Objekten und Subjekten basiert und durch seine eigenen Begrenzungen, Regeln und Ziele gebunden ist. Wie wir deutlich sehen können, ist die Welt mit all dem wissenschaftlichen Wissen nicht besser geworden, sie hat sich eigentlich eher verschlimmert. Allwissend zu sein bedeutet nicht, gelehrt zu sein. Wenn man daher von jemandem spricht, der alles weiß, bezeichnet das jemanden, der kein „Nichtwissen" hat und ohne Unwissenheit ist.

Der Buddha ging noch einen Schritt weiter und zeigte anderen die Wahrheit des erwachten Geistes auf, so dass auch sie den Kreislauf des Leidens durchbrechen konnten, und für dieses Mitgefühl wird er zutiefst verehrt. Wenn jemand unwissentlich durch ein Feld voller Landminen spaziert, sind wir vielleicht in der Lage, sie schnell zu entschärfen, ohne dass er es bemerkt. Das schützt den Menschen jedoch nur zeitweilig und stellt nicht die vollständige Wahrheit dar. Erklärt man diesem Menschen, dass es in dieser Gegend in einem Umkreis von mehreren Kilometern Landminen gibt, dann bewahrt ihn das vor sofortigem und zukünftigem Leiden. Es erlaubt ihm, voranzugehen und sogar sein Wissen mit anderen zu teilen. Auf gleiche Weise lehrte Buddha die Menschen, großzügig zu sein, wenn sie reich sein wollen, und mitfühlend zu sein, wenn sie ihren Feind besiegen wollen. Aber er hat ihnen auch angeraten, wenn sie nach Reichtum strebten, zuerst Genügsamkeit zu üben, und wenn sie den Feind bezwingen wollten, zuerst ihren eigenen Zorn zu bezwingen. Letzten Endes lehrte er, wie Leiden an der Wurzel ausgemerzt werden kann, indem man das Ich auflöst, denn wenn es kein Ich gibt, gibt es keinen Leidenden mehr.

In Anerkennung seiner Lehren verehrten Siddhârthas Anhänger ihn mit Liedern und Gebeten, in denen er dafür gepriesen wird, so machtvoll zu sein, dass er das ganze Universum auf ein einziges

Atom stellen könne. Mit gleicher Ehrerbietung wünschten sich manche Anhänger, in dem Bereich wiedergeboren zu werden, den man „Buddhafeld" nennt. Das Buddhafeld wird als ein sogenanntes Reines Land von der Größe eines Infinitesimalpartikels beschrieben, in dem die gleiche Anzahl an Buddhas, wie es Atome im Universum gibt, ihre jeweiligen Schüler lehren. Genau wie Milarepas Yakhorn kann ein Ungläubiger dies als ein religiöses Märchen abtun, während ein Gläubiger diese Beschreibung unkritisch akzeptieren könnte, indem er denkt: *Natürlich kann Buddha so etwas tun, er ist ja schließlich allmächtig*. Doch wenn wir die Wahrheit in Hinsicht auf die Leerheit verstehen und erkennen, dass es so etwas wie ein Kleinstes und ein Größtes oder andere dualistische Unterscheidungen gar nicht gibt, dann wird deutlich, dass der Buddha keinen Finger rühren musste, um die Welt auf ein Atom zu stellen. Die Kraft, die dazu nötig ist, ist lediglich die des Begreifens, dass weder Groß noch Klein existiert. Es ist möglich, die Gewohnheit, die uns daran hindert, auf diese Weise zu sehen, abzulegen, aber unsere begrenzte Logik stellt sich uns in den Weg. Wir sind wie eine Magersüchtige oder eine Bulimikerin, die – auch wenn sie noch so schön und schlank sein mag – ihr Bild im Spiegel einfach nicht ansehen mag, selbst wenn andere nicht verstehen können, warum sie sich für dick hält.

Buddha beseitigte all diese Vernebelungen und erkannte, dass es in allem – Zeit, Raum, Geschlecht, Werten – keinerlei Dualismus gibt, so dass das gesamte Universum auf einem einzigen Atom ruhen kann. Für diese Erkenntnis priesen seine poetischen Anhänger ihn als jemanden, der „über Zeit und Raum hinausging". Selbst Siddhârthas engste Schüler, die Arhats, genossen den Ruf, dass der Himmel und eine Handfläche für sie gleich groß waren oder sie ein Stück Schmutz und ein Stück Gold als gleichwertig erachteten.

Als Siddhârtha Erleuchtung erlangte, hielt er nicht etwa die Zeit an oder erreichte das Ende der Zeit. Er war nur nicht mehr vom Konzept der Zeit befleckt. Wenn wir sagen, Siddhârtha habe alle Verdunkelungen von Zeit und Raum beseitigt, bedeutet das nicht, dass er die Zeitmaschine zerstört oder einen Kompass auseinandergenommen hätte. Er ging vielmehr vollkommen über die Konzepte von Zeit und Raum hinaus.

Obwohl die tatsächliche Erfahrung, Zeit und Raum zu transzendieren, für uns Sklaven der Zeit unbegreiflich ist, ist es möglich, sogar innerhalb unseres weltlichen Seins eine Vorstellung von der Elastizität dieser Konzepte zu bekommen. Schon ein Anfall von Verliebtheit kann die Zeit ausdehnen und beugen. Wir begegnen jemandem, träumen davon, Seelengefährten zu werden, zu heiraten, Kinder und sogar Enkel zu bekommen. Doch dann stößt uns so etwas wie ein wenig Speichel, der aus dem Mund der Geliebten tropft, zurück in die Realität, und alle künftigen Generationen verschwinden.

Da die Vorzüge, über Zeit und Raum hinauszugehen, so unbegreiflich sind, motiviert uns nichts dazu, sie zu verstehen. Wir sind zu sehr an die von Zeit und Raum abhängige Welt gewöhnt, um uns für solche unfassbaren Belohnungen anzustrengen. Es ist vielleicht einfacher, den Aspekt der Erleuchtung zu erfassen, der jenseits emotionaler Unterscheidungen von Gut und Böse, Lust und Leid, Lob und Kritik und anderer dualistischer Gefühle ist. Es ist verständlich, dass wir uns auf Zeit und Raum verlassen – sie sind ja momentan auch ganz nützlich –, aber diese anderen Unterscheidungen sind auf geradezu absurde Weise nutzlos. Der Dualismus hat uns so in seinen Fängen, dass wir jedes Jahr Millionen von Euros ausgeben, um einen schönen Schein aufrechtzuerhalten. Würden wir allein durch die Wüste streifen, wäre es sinnlos, fabelhaft auszusehen; also wollen wir offenbar im Verhältnis zu anderen gut aussehen, um sie anzuziehen, um mit ihnen zu konkurrieren und um von ihnen akzeptiert zu werden. Wenn jemand sagt, „Oh, du hast schöne Beine", sind wir erregt, stolzieren umher und heischen weiter nach Komplimenten. Doch diese Komplimente sind wie Honig auf einem scharfen Messer ...

Viele von uns sind viel zu sehr in ihre eigenen Konzepte von Schönheit vertieft, um wahrzunehmen, dass etwas, das ihrer Auffassung nach attraktiv ist, für andere vielleicht abstoßend sein könnte.

Wir fallen unseren eigenen Konzepten und unserer Eitelkeit zum Opfer. Diese Eitelkeit bereichert die Kosmetikindustrie und ist eine der Ursachen für die Zerstörung unserer Umwelt. Wenn wir Lob in Hülle und Fülle und nur ein bisschen Kritik erhalten, richten wir all unsere Aufmerksamkeit auf die Kritik. Komplimente werden aufgrund unseres unersättlichen Appetits auf Lob für selbstverständlich genommen. Ein Mensch, der versucht, unendlich viel Lob und Aufmerksamkeit zu bekommen, ist wie ein Schmetterling, der versucht, den Rand des Himmels zu finden.

Keine Unterscheidungen, keine Konzepte

Zusammen mit den konventionellen Konzepten von Zeit und Raum ließ der Buddha auch alle subtilen emotionalen dualistischen Unterscheidungen fallen. Ihm war Lob nicht lieber als Kritik, Gewinn nicht lieber als Verlust, Glück nicht lieber als Unglück und Ruhm nicht lieber als unbedeutend sein. Er wurde nicht von Optimismus oder Pessimismus beherrscht. Ein Mensch hatte für ihn keine größere Anziehungskraft oder rechtfertigte einen größeren Energieaufwand als ein anderer. Stellen Sie sich vor, nicht mehr den kleinen Lobhudeleien und Kritiken anheimzufallen, sondern sie, wie Buddha es tat, als bloße Klänge zu hören, die substanzlos sind wie ein Echo. Oder sie so zu hören, als lägen wir auf unserem Sterbebett. Wir würden vielleicht Vergnügen daran finden, dem Schwärmen unserer Geliebten, wie wunderbar und schön wir seien, zu lauschen, aber gleichzeitig wären wir losgelöst und unbeeinflusst davon. Wir würden uns nicht mehr an die Worte klammern.

Stellen Sie sich vor, über alle Bestechungsversuche und anderen Versuche, Sie zu überzeugen, erhaben zu sein, weil ihnen sämtliche weltlichen Versuchungen so uninteressant erscheinen wie Salat für einen Tiger. Wären wir nicht durch Lob zu kaufen oder durch Kritik zu vernichten, besäßen wir unglaubliche Stärke. Wir wären außergewöhnlich frei; es gäbe keine unnötigen Hoffnungen und Ängste, wir würden nicht mehr Blut und Wasser schwitzen und hätten keinerlei emotionale Reaktionen mehr. Wir wären wirklich in der Lage, „Was soll's?" zu praktizieren. Davon befreit, der Zustimmung der Leute hinterherzujagen oder ihrer Ablehnung auszuweichen, wären wir fähig, das zu würdigen, was wir im gegenwärtigen Augenblick haben. Die meiste Zeit versuchen wir, die guten Dinge andauern zu lassen, oder wir überlegen, wie wir sie in der Zukunft durch etwas noch Besseres ersetzen könnten; oder wir sind in der Vergangenheit versunken und schwelgen in Erinnerungen an glücklichere Zeiten. Ironischerweise konnten wir die Erfahrung, der wir nachweinen, niemals wirklich würdigen, weil wir damals schon zu sehr damit beschäftigt waren, uns an unsere Hoffnungen und Ängste zu klammern.

Während wir wie Kinder am Strand sind, die geschäftig Sandburgen bauen, sind erhabene Wesen wie Erwachsene, die unter einem Sonnenschirm sitzen und ihnen zuschauen. Die Kinder sind völlig von ihren Kreationen eingenommen, kämpfen um Muscheln und Schaufeln und erschrecken, wenn eine Welle näher kommt. Sie erleben alle möglichen Gefühle, aber die Erwachsenen sitzen daneben, schlürfen einen Piña Colada und beobachten sie, ohne zu urteilen, ohne stolz zu sein, wenn eine Sandburg sehr hübsch geworden ist, und ohne Wut oder Trauer, wenn jemand versehentlich auf das Türmchen tritt. Wie viel mehr an Erleuchtung braucht man noch?

In der profanen Welt ist das beste Sinnbild für Erleuchtung „Freiheit"; tatsächlich ist das Konzept der Freiheit eine treibende Kraft in unserem persönlichen Leben und in dem der Gesellschaft. Wir träumen von einer Zeit und einem Ort, wo wir alles tun und lassen können, was wir wollen – der amerikanische Traum. In unseren Reden und unseren Konstitutionen wiederholen wir die Begriffe „Freiheit" und „Grundrechte" wie Mantras, doch tief im Innern wollen wir sie eigentlich gar nicht. Würde man uns totale Freiheit gewähren, würden wir wahrscheinlich gar nicht wissen, was wir damit anfangen sollen. Wir besitzen nicht den Mut oder die Fähigkeit, uns wahre Freiheit zunutze zu machen, weil wir nicht frei von unserem eigenen Stolz, von unserer Gier, Hoffnung und Angst sind.

Würden plötzlich alle Personen bis auf eine von der Erde verschwinden, könnten wir uns für diese Person totale Freiheit vorstellen. Sie könnte schreiend und nackt umherlaufen und Gesetze brechen, auch wenn es dann kein Gesetz und keine Zeugen mehr gäbe. Doch früher oder später würde sie anfangen, sich zu langweilen, sich einsam zu fühlen und würde sich Gefährten wünschen. Die bloße Vorstellung der Beziehung zwischen Menschen erfordert bereits das Aufgeben einiger unserer Freiheiten für den anderen. Wenn also der Wunsch des einsamen Menschen wahr und ihm ein Gefährte gewährt wird, wird der Gefährte wahrscheinlich das tun, was ihm oder ihr gefällt, und so seine Freiheit absichtlich oder unabsichtlich beschneiden. Wem soll man die Schuld dafür geben? Dem einsamen Menschen natürlich, denn er war es ja, der aufgrund seiner Langeweile seinen Niedergang herbeiführte. Ohne Langeweile und Einsamkeit könnte er noch immer frei sein.

Wir leisten auch selber ganze Arbeit in der Beschneidung unserer Freiheiten. Selbst wenn wir es könnten, würden wir nicht im Adamskostüm umherlaufen oder bei einem Vorstellungsgespräch für eine neue Arbeitsstelle einen toten Fisch als Schlips tragen, denn wir wollen die Leute beeindrucken und Freunde gewinnen. Vielleicht erkunden wir auch deshalb keine alternativen Lebensstile oder andere Kulturen – so viel Weisheit sie auch zu bieten haben mögen –, weil wir nicht als Hippies gebrandmarkt werden wollen.

Wir leben hinter Gittern der Verantwortlichkeit und Konformität. Wir machen großes Aufhebens um Grundrechte, Privatsphäre, um das Recht, Waffen zu tragen, und um die Redefreiheit, aber wir wollen nicht neben einem Terroristen wohnen. Was andere angeht, sollten schon einige Regeln gelten. Wenn die anderen vollkommen frei wären, dann könnten wir vielleicht nicht all das bekommen, was wir uns wünschen. Die Freiheit der anderen könnte ja unsere eigene Freiheit einschränken. Wenn in Madrid Züge in die Luft gejagt und in New York Gebäude in Schutt und Asche gelegt werden, geben wir der CIA die Schuld, dass sie Terroristen frei herumlaufen lässt. Wir glauben, es sei die Angelegenheit der Regierung, uns vor den brutalen Kerlen zu schützen. Doch die, die wir für Bösewichte und Terroristen halten, betrachten sich selbst als Freiheitskämpfer. Unterdessen wollen wir politisch korrekt und gerecht sein und würden deshalb, wenn unser fremdländisch aussehender Nachbar von den Behörden belästigt wird, vielleicht protestieren. Es ist besonders leicht, in solchen Angelegenheiten politisch korrekt zu sein, die weit weg passieren. In beiden Fällen laufen wir Gefahr, Opfer unserer eigenen politischen Korrektheit zu werden.

Entsagung: Der Himmel ist die Grenze

Wenn es uns mit dem Erlangen der Erleuchtung ernst ist, brauchen wir die Stärke, Dingen zu entsagen, die uns enorm wichtig erscheinen, und wir brauchen ganz schön viel Mut, um uns allein auf den Pfad zu begeben. Es kann durchaus sein, dass diejenigen, die nicht nach Lob und Gewinn gieren und die Kritik und Verlust nicht ausweichen, von der Gesellschaft als abnorm oder gar verrückt stigmatisiert werden. Von einem „normalen" Standpunkt aus betrachtet, mögen erleuchtete Wesen verrückt wirken, weil sie nicht feilschen, nicht mit materiellem Gewinn geködert oder bestochen werden können, sich nicht langweilen, nicht auf Nervenkitzel aus sind, kein Gesicht zu verlieren haben, sich nicht den Regeln der Etikette anpassen, niemals zu ihrem persönlichen Nutzen Scheinheiligkeit anwenden, niemals Dinge tun, um andere zu beeindrucken, und ihre Talente und Kräfte nicht um ihrer selbst willen zur Schau stellen. Wenn es aber um das Wohl anderer geht, werden diese Heiligen alles tun, was nötig ist: Dann können sie sich perfekter Tischmanieren befleißigen oder eines der 500 größten Unternehmen Amerikas leiten. In den 2500 Jahren buddhistischer Geschichte hat es wohl zahllose erleuchtete Wesen gegeben, die entweder niemals erkannt oder als Verrückte ausgegrenzt wurden. Nur sehr wenige wurden dafür geschätzt, das zu besitzen, was wir „verrückte Weisheit" nennen. Aber wenn wir es recht bedenken, sind wir diejenigen, die verrückt sind, die auf leere Lobesbekundungen hereinfallen, über Kritik brüten und nach dem Glück greifen.

Vergessen wir doch das Transzendieren von Zeit und Raum – allein schon über Lob und Kritik hinauszugehen scheint für uns unerreichbar. Wenn wir aber anfangen zu begreifen – nicht intellektuell, sondern emotional –, dass alle zusammengesetzten Dinge vergänglich sind, dann lockert sich unser Festhalten. Unsere Überzeugung, dass unsere Gedanken und Besitztümer wertvoll, wichtig und beständig seien, beginnt aufzuweichen. Würde man uns sagen, wir hätten nur noch zwei Tage zu leben, würde sich unser Verhalten ändern. Wir würden uns nicht mehr damit beschäftigen, unsere Schuhe in einer Linie aufzureihen, unsere Unterwäsche zu bügeln und teure Parfums zu horten. Wir würden wohl noch einkaufen gehen, aber mit einer neuen Einstellung. Wenn wir wüssten, und sei es nur ein bisschen, dass einige unserer vertrauten Konzepte, Gefühle und Gegenstände nur als Traum existieren, würden wir einen größeren Sinn für Humor entwickeln. Das Komische an unserer Situation zu sehen verhindert das Leiden. Wir erleben noch Gefühle, aber sie können uns nicht länger austricksen oder uns Sand in die Augen streuen. Wir können uns immer noch verlieben, aber ohne die Angst, abgelehnt zu werden. Wir würden unser bestes Parfüm und unsere beste Gesichtscreme benutzen, statt sie für eine besondere Gelegenheit aufzusparen. So wird jeder Tag zu einem besonderen Tag.

Die Eigenschaften eines Buddha sind nicht in Worte zu fassen. Sie sind wie der Himmel, der kein Ende im Raum hat. Unsere Sprache und unsere analytischen Fähigkeiten reichen nur so weit wie unser Konzept des Universums. An einem bestimmten Punkt wird ein Vogel, der höher und höher fliegt, um das Ende des Himmels zu erreichen, seine Grenzen erreicht haben und zur Erde umkehren müssen.

Die beste Metapher für unsere Erfahrung in dieser Welt ist ein epischer Traum, in dem es eine Vielzahl komplexer, miteinander verflochtener Geschichten, Hochs und Tiefs, Dramen und Nervenkitzel gibt. Werden wir in einer Episode unseres Traums von Teufeln und Ungeheuern heimgesucht, hoffen wir, ihnen zu entkommen. Wenn wir die Augen öffnen und sehen, wie sich der Ventilator an der Zimmerdecke dreht, sind wir erleichtert. Um uns mitzuteilen, sagen wir: „Der Teufel hat mich gejagt", und wir verspüren Erleichterung, den Fängen des Teufels entkommen zu sein. Aber es ist nicht so, dass der Teufel weggegangen ist. Er hat Ihr Zimmer während der Nacht niemals betreten, und als Sie jene schrecklichen Erfahrungen mit ihm machten, war er auch nicht anwesend. Wenn Sie zur Erleuchtung erwachen, waren Sie niemals ein fühlendes Wesen und haben niemals gekämpft. Von diesem Augenblick an brauchen Sie nicht mehr vor der Rückkehr des Teufels auf der Hut zu sein. Wenn Sie erleuchtet werden, können Sie nicht zurückdenken an die Zeit, als Sie ein unwissendes Wesen waren. Sie brauchen keine weitere Meditation. Es gibt nichts zu erinnern, weil Sie niemals etwas vergessen haben.

So wie Buddha im *Prajñâpâramitâ-Sûtra* sagt, sind alle Phänomene wie ein Traum und eine Illusion, selbst Erleuchtung ist wie ein Traum und eine Illusion. Und wenn es etwas gäbe, das noch größer oder großartiger wäre als Erleuchtung, dann wäre auch das wie ein Traum und eine Illusion. Sein Schüler, der große Nâgârjuna, schrieb, der erhabene Buddha habe nicht behauptet, dass Nirvâna einträte, nachdem man Samsâra verlassen habe. Die Nichtexistenz von Samsâra *ist* Nirvâna. Ein Messer wird als Ergebnis von zwei Arten der Abnutzung scharf – durch die Abnutzung des Schleifsteins und die des Metalls. In gleicher Weise ist Erleuchtung das Ergebnis der „Abnutzung" der Verunreinigung und des Gegenmittels der Verunreinigung. Letzten Endes muss man den Pfad der Erleuchtung hinter sich lassen.

Solange Sie sich noch als Buddhist definieren, sind Sie noch kein Buddha.

Fazit

Heutzutage begegnet man häufig Menschen, die Religionen vermischen und vermengen, um es sich so angenehm wie möglich zu machen. Indem sie sich bemühen, nicht sektiererisch zu sein, versuchen sie, christliche Konzepte aus buddhistischer Sichtweise zu erklären oder Ähnlichkeiten zwischen Sufismus und Buddhismus oder zwischen Zen und Business zu finden. Natürlich kann man immer irgendwelche kleinen Ähnlichkeiten zwischen zwei Dingen finden, aber ich glaube nicht, dass solche Vergleiche nötig sind. Auch wenn alle Religionen mit einer Art philanthropischer Ausrichtung beginnen – den meisten geht es um die Linderung von Leiden –, gibt es doch grundlegende Unterschiede zwischen ihnen. Sie sind wie Medikamente, und wie Medikamente sind sie dafür konzipiert, Leiden zu mindern. Aber je nach Patient und Beschwerden braucht man unterschiedliche Medikamente. Wenn Sie mit giftigem Efeu in Berührung gekommen sind, besteht die richtige Behandlung aus einer Galmei-Lotion. Haben Sie Leukämie, werden Sie nicht versuchen, Ähnlichkeiten zwischen der Anwendung von Galmei-Lotion und Chemotherapie zu finden, um auch in diesem Fall die Verwendung von Galmei-Lotion zu rechtfertigen, weil Ihnen diese irgendwie angenehmer ist. Ebenso sollte man Religionen nicht durcheinanderbringen.

Auf diesen Seiten habe ich versucht, Ihnen einen Einblick in die Grundlagen der buddhistischen Sicht zu geben. In allen Religionen bildet die Sicht der Welt die Grundlage der Praxis, denn die Sichtweise bestimmt unsere Motivation und unser Handeln. Es ist ja so wahr, dass „der Schein trügen kann". Wir können unseren Nachbarn von nebenan sicherlich nicht allein nach seinem Aussehen beurteilen. Also versteht es sich von selbst, dass wir etwas so Persönliches wie Religion nicht nach oberflächlichen Erscheinungsbildern beurteilen können. Wir können Religionen nicht einmal nach dem Benehmen, der Ethik, der Moral oder dem Verhaltenskodex, den sie propagieren, beurteilen.

Die Sicht ist der endgültige Orientierungspunkt

Die Sicht bildet den Kern aller Religion. Bei einer interreligiösen Konferenz hätten wir vielleicht keine andere Wahl, als diplomatisch zu sein und zuzustimmen, dass alle Religionen im Grunde gleich seien. Aber sie besitzen tatsächlich sehr unterschiedliche Sichtweisen, und niemand anderer als Sie selbst kann beurteilen, ob die eine besser ist als eine andere. Nur Sie als Individuum mit Ihren eigenen mentalen Fähigkeiten, mit Ihrem Geschmack, Ihren Gefühlen und Ihrem persönlichen Hintergrund können die Sicht auswählen, die für *Sie* stimmig ist. Wie bei einem großzügigen Buffet bietet die Vielzahl der Ansätze für jeden etwas. Die Botschaft der Jains von *Ahimsa*[5] ist zum Beispiel so schön, dass man sich wundert, warum diese großartige Religion nicht so floriert wie andere. Und die christliche Botschaft von Liebe und Erlösung hat Millionen Herzen Frieden und Harmonie gebracht.

Das äußere Erscheinungsbild dieser Religionen kann auf Außenstehende fremd und unlogisch wirken. Viele von uns hegen verständlicherweise Bedenken gegenüber jahrhundertealten Religionen und Aberglauben, denen es offensichtlich an Vernunft mangelt. So sind zum Beispiel viele Leute verwirrt über die rotbraunen Roben und geschorenen Köpfe der buddhistischen Mönche, weil diese für Wissenschaft, Wirtschaft und das Leben im Allgemeinen irrelevant erscheinen. Ich kann nicht umhin, mich zu fragen, was solche Leute denken würden, wenn man sie in ein tibetisches Kloster brächte und sie mit den Malereien von rasenden Gottheiten und nackten Frauen in sexuellen Stellungen konfrontierte. Sie würden wohl denken, sie sähen exotische Illustrationen des *Kâma-Sûtra* oder, schlimmer noch, Verderbtheit oder Dämonenverehrung.

Außenstehende könnten auch entsetzt sein, wenn sie die praktizierenden Jains nackt umherlaufen oder Hindus Götter verehren sehen, die Kühen und Affen ähneln. Manche finden es schwer verständlich, wenn Muslime ihre tiefgründige Philosophie des Verbots, Bilder anzubeten, als Rechtfertigung benutzen, um die heiligen Ikonen anderer Religionen zu zerstören, während die Ka'aba, *Hajre-Aswad* (der heilige schwarze Stein) in Mekka, eine der heiligsten islamischen Stätten, ein physisches Objekt der Verehrung ist, zu dem jedes Jahr Millionen Muslime pilgern. Für jene, die kein Verständnis für das Christentum haben, mag es unbegreiflich sein, warum die Christen als Zentrum ihrer Verehrung nicht eine Geschichte aus der Blütezeit Christi genommen haben anstelle seiner düstersten Episode am Kreuz. Sie finden es wohl unbegreiflich, dass das Kreuz als zentrales Symbol den Erlöser so hilflos aussehen lässt. Aber dies alles sind äußere Erscheinungsbilder. Es ist nicht weise, einen Weg oder eine Religion nach ihrem äußeren Erscheinungsbild zu beurteilen oder zu bewerten, und es kann Vorurteilen Vorschub leisten.

Auch striktes Verhalten ist nicht dazu angetan, eine Religion zu definieren. Das Befolgen von Regeln macht noch keinen guten Menschen. Es heißt, Hitler sei Vegetarier und sehr auf seine Körperpflege bedacht gewesen. Aber Disziplin und ein schicker Anzug sind nicht an sich heilig. Und wer bestimmt denn erst einmal, was „gut" ist? Was in der einen Religion als heilsam gilt, wird in einer anderen nicht als heilsam oder gar als belanglos betrachtet. Die Männer der Sikhs schneiden beispielsweise niemals ihre Haare und ihren Bart, während die Mönche sowohl der östlichen als auch der westlichen Traditionen sich oft den Kopf scheren, und die Protestanten können mit ihrem Haar tun, was ihnen beliebt. Jede Religion hat tiefgründige Erklärungen für ihre Symbole und Praktiken – warum sie kein Schweinefleisch oder keine Krabben essen, warum sie sich den Kopf scheren müssen oder warum es verboten ist, ihn zu scheren. Aber innerhalb dieser unendlichen Gebote und Verbote muss jede Religion eine grundlegende Sicht haben, und auf diese Sicht kommt es am meisten an.

Die Sicht ist der endgültige Orientierungspunkt bei der Rechtfertigung der eigenen Handlungen. Eine Handlungsweise wird danach bewertet, wie gut sie sich in die eigene Sicht einfügt. Wenn Sie zum Beispiel in Venice Beach in Kalifornien leben und die Sichtweise haben, es sei gut, schlank zu sein, sind Sie dazu motiviert, Gewicht zu verlieren; Sie denken am Strand darüber nach, wie schön das wäre, und Ihre Handlungsweise könnte darin bestehen, Kohlenhydrate zu vermeiden. Jetzt stellen Sie sich vor, Sie wären ein Sumo-Ringer in Tokio. Ihre Sicht wäre, dass es gut ist, unglaublich dick zu sein; Sie wären motiviert zuzunehmen und überlegen sich, dass man kein dünner Sumo-Ringer sein kann. Ihre Handlungsweise würde darin bestehen, so viel Reis und Kuchen wie möglich zu essen. Der Akt des Kuchenessens ist also je nach der Sichtweise gut oder schlecht. Und so kann es sein, dass wir jemanden, der kein Fleisch isst, fälschlicherweise für mitfühlend halten, obgleich in seiner Sichtweise Fleisch einfach deshalb schlecht ist, weil es den Cholesterinspiegel anhebt.

Letztlich kann niemand die Handlungsweise eines anderen Menschen beurteilen, ohne dessen Sicht vollkommen zu verstehen.

Alle Methoden des Buddhismus lassen sich mit den vier Siegeln erklären: Alles Zusammengesetzte ist vergänglich, alle Gefühle sind Schmerz, alle Dinge haben keine unabhängige Existenz und Erleuchtung ist jenseits von Konzepten. Sämtliche Handlungsweisen, die von den buddhistischen Schriften angeregt werden, basieren auf diesen vier Wahrheiten oder Siegeln.

In den Mahâyâna-Sutras rät der Buddha seinen Anhängern, kein Fleisch zu essen. Nicht nur, dass es nicht tugendhaft ist, einem anderen Wesen Schaden zuzufügen, der Akt des Fleischessens ist auch nicht in Übereinstimmung mit den vier Siegeln. Wenn Sie also Fleisch essen, tun Sie es auf einer bestimmten Ebene, um zu überleben – um sich am Leben zu erhalten. Dieser Überlebensdrang ist mit dem Wunsch verbunden, beständig zu sein, also auf Kosten des Lebens eines anderen Wesens länger zu leben. Wäre eine Verlängerung Ihres Lebens absolut garantiert, wenn Sie ein Tier verschlingen, dann gäbe es, von einem egoistischen Standpunkt gesehen, einen guten Grund, dies zu tun. Aber ganz gleich, wie viele tote Körper Sie sich in sich hineinstopfen – Sie werden eines Tages sterben, wegen des Fleischessens vielleicht nur ein bisschen früher.

Man isst Fleisch möglicherweise auch aus bourgeoisen Gründen – man genießt Kaviar, weil es extravagant ist, isst Tigerpenisse für die Potenz und nimmt gekochte Vogelnester zu sich, um sich eine jugendliche Haut zu bewahren. Es gibt wohl kaum ein egoistischeres Verhalten – für Ihre Eitelkeit wird ein Leben ausgelöscht. Umgekehrt können wir Menschen nicht einmal einen Mückenstich aushalten, ganz zu schweigen von der Vorstellung, in überfüllte Käfige gesperrt zu werden und mit abgeschnittenen Schnäbeln darauf zu warten, zusammen mit unserer Familie und unseren Freunden geschlachtet zu werden, oder in einem Pferch gemästet zu werden, um schließlich zu menschlichen Hamburgern verarbeitet zu werden.

Die Einstellung, dass unsere Eitelkeit das Leben eines anderen wert ist, basiert auf einem Festhalten am Ich. Am Ich zu hängen ist Unwissenheit, und wie wir gesehen haben, führt Unwissenheit zu Schmerzen. Im Falle des Fleischessens verursacht sie auch bei anderen die Erfahrung von Schmerz. Aus diesem Grunde beschreiben die Mahâyâna-Sûtras die Praxis, sich selbst an die Stelle dieser Geschöpfe zu versetzen und aus Mitgefühl für sie auf den Verzehr von Fleisch zu verzichten. Als der Buddha den Verzehr von Fleisch untersagte, meinte er alles Fleisch. Er hob nicht Rindfleisch aus sentimentalen Gründen hervor oder Schweinefleisch, weil es schmutzig sei. Genauso wenig hat er gesagt, dass man Fische essen dürfe, weil Fische keine Seele hätten.

Die wunderbare Logik der vier Siegel

Nehmen wir einmal die Großzügigkeit als ein Beispiel für das erste Siegel, die Vergänglichkeit. Wenn wir die erste Wahrheit zu realisieren beginnen, sehen wir alles als vorübergehend und ohne Wert an – so als gehörte es in einen Spendensack der Heilsarmee. Wir brauchen nicht unbedingt alles wegzugeben, aber wir haften nicht mehr so sehr an den Dingen. Wenn wir erkennen, dass all unsere Besitztümer vergängliche, zusammengesetzte Phänomene sind, an denen wir nicht ewig haften können, dann ist Großzügigkeit im Grunde bereits erreicht.

Wenn wir das zweite Siegel verstehen – dass alle Gefühle Schmerz sind –, erkennen wir, dass der Geizhals, das Ich, der Hauptschuldige ist, da er nur ein Gefühl von Armseligkeit hervorbringt. Wenn wir uns jedoch nicht an unser Ich klammern, haben wir auch keinen Grund, uns an unseren Besitz zu klammern, und es gibt keinen Schmerz aus Geiz. Großzügigkeit wird zu etwas, das uns Freude bereitet.

Realisieren wir das dritte Siegel – dass alle Dinge keine eigenständige, inhärente Existenz besitzen –, dann erkennen wir, wie müßig es ist anzuhaften, weil alles, woran wir auch immer haften mögen, nicht die Natur von etwas wirklich Existierendem besitzt. Es ist so, als träumten Sie, Sie würden eine Million Euro an Fremde auf der Straße verteilen. Sie können großzügig sein, denn es ist Traumgeld, und dennoch sind Sie in der Lage, den ganzen Spaß der Erfahrung zu genießen. Großzügigkeit, die auf diesen drei Sichtweisen basiert, lässt uns zwangsläufig begreifen, dass es nichts gibt, was wir anstreben müssten. Dann ist Großzügigkeit kein Opfer, das wir auf uns nehmen, um Anerkennung zu bekommen oder uns eine bessere Wiedergeburt zu sichern.

Großzügigkeit ohne Preisschild, ohne Erwartungen und ohne Rückhalt gewährt uns einen Einblick in die vierte Sichtweise, die Wahrheit, dass Befreiung oder Erleuchtung jenseits von Konzepten ist.

Bemessen wir die Vollkommenheit einer tugendhaften Handlung wie Großzügigkeit an materiellen Maßstäben – etwa daran, wie viel Armut beseitigt wurde –, dann können wir niemals Vollkommenheit erlangen. Das Elend und die Begierden der Notleidenden sind endlos und selbst die Wünsche der Reichen sind ohne Ende. Tatsächlich lassen sich die Wünsche der Menschen im Grunde niemals gänzlich erfüllen. Nach Siddhârthas Auffassung sollte Großzügigkeit an dem Ausmaß des Haftens an dem, was gegeben wird, und des Haftens am gebenden Ich gemessen werden. Haben Sie erst einmal realisiert, dass das Ich und all seine Besitztümer vergänglich sind und keine wirklich existierende Natur besitzen, dann haben Sie Nicht-Anhaften erreicht, und das ist vollkommene Großzügigkeit. Aus diesem Grunde ist die erste Handlung, zu der man in den buddhistischen Sûtras ermutigt wird, die Praxis der Großzügigkeit.

Ein tieferes Verständnis von Karma, Reinheit und Gewaltlosigkeit

Das Konzept von Karma, zweifelsohne das Markenzeichen des Buddhismus, fällt ebenfalls unter diese vier Wahrheiten. Wenn Ursachen und Bedingungen zusammenkommen und es keine Hindernisse gibt, entstehen Wirkungen. Wirkung *ist* Karma. Dieses Karma wird durch das Bewusstsein angesammelt – durch den Geist oder das Ich. Agiert dieses Ich aus Gier oder Aggression, entsteht negatives Karma. Wird ein Gedanke oder eine Handlung durch Liebe, Toleranz und den Wunsch, dass andere glücklich sein mögen, motiviert, dann entsteht positives Karma. Doch Motivation, Handeln und das daraus resultierende Karma sind von Natur aus wie ein Traum oder eine Illusion. Das Transzendieren von Karma, sowohl des guten als auch des schlechten Karma, ist Nirvâna. Jede sogenannte gute Tat, die sich *nicht* auf diese vier Sichtweisen gründet, ist bloße Rechtschaffenheit und letztlich nicht Siddhârthas Weg. Selbst wenn Sie all die hungrigen Wesen in der Welt nähren würden, wäre es – wenn dabei nichts von den vier Sichtweisen vorhanden wäre – lediglich eine gute Tat und nicht der Weg zur Erleuchtung. Es könnte in der Tat bloß ein rechtschaffener Akt sein, der das Ego nähren und festigen soll.

Aufgrund dieser vier Wahrheiten können Buddhisten Läuterung praktizieren. Wenn wir glauben, wir seien durch negatives Karma beschmutzt, schwach und „sündhaft", und wenn wir frustriert sind, weil wir denken, dass diese Hindernisse unserer Verwirklichung im Weg stehen, dann können wir uns mit dem Wissen trösten, dass sie zusammengesetzt und daher vergänglich sind und somit gereinigt werden können. Andererseits können wir uns – wenn wir das Gefühl haben, unfähig zu sein und nicht genug Verdienst zu besitzen – mit dem Wissen trösten, dass Verdienst durch das Ausführen guter Taten angesammelt werden kann, denn auch die Abwesenheit von Verdienst ist vergänglich und daher veränderbar.

Die buddhistische Praxis der Gewaltlosigkeit ist nicht einfach Ergebenheit mit einem Lächeln oder schwächliche Nachdenklichkeit. Die Grundursache von Gewalt ist die Fixiertheit auf eine extreme Vorstellung, wie etwa Gerechtigkeit oder Moral. Die Fixierung stammt in der Regel aus der Gewohnheit, dualistischen Sichtweisen Glauben zu schenken, wie etwa denen von Gut und Schlecht, Hässlich und Schön, Moralisch und Unmoralisch. Unsere unflexible Selbstgerechtigkeit verdrängt die Möglichkeit zur Empathie für andere. Die geistige Gesundheit geht verloren. Versteht man, dass all diese Sichtweisen oder Werte zusammengesetzt und so vergänglich sind wie der Mensch, der sie hat, dann wird Gewalt abgewendet. Wenn Sie kein Ego haben und nicht am Ich hängen, gibt es keinen Grund, gewalttätig zu sein. Wenn Sie begreifen, dass Ihre Feinde unter dem machtvollen Einfluss ihrer eigenen Unwissenheit und Aggression stehen, dass sie in ihren Gewohnheiten gefangen sind, ist es leichter, ihnen ihr irritierendes Verhalten zu verzeihen. Beleidigt Sie ein Insasse einer Irrenanstalt, dann sehen Sie ja auch keinen Grund, wütend zu werden. Wenn wir den Glauben an die Extreme der dualistischen Phänomene transzendieren, haben wir die Ursachen der Gewalt überwunden.

Die vier Siegel: ein Pauschalangebot

Im Buddhismus wird alles, was zu den vier Sichtweisen führt oder sie fördert, als rechter Weg betrachtet. Selbst scheinbar rituelle Praktiken wie Räucherwerk anzünden und das Praktizieren esoterischer Meditationen und Mantras sind dazu bestimmt, uns zu helfen, unsere Aufmerksamkeit auf eine oder alle dieser Wahrheiten auszurichten.

Was immer den vier Sichtweisen widerspricht, selbst wenn es Handlungen sind, die liebevoll und mitfühlend erscheinen, ist kein Bestandteil des Weges. Selbst das Meditieren der Leere wird zu reiner Negation und ist damit nichts weiter als ein nihilistischer Pfad, wenn die Meditation nicht mit den vier Wahrheiten in Einklang ist.

Der Verständlichkeit halber könnte man vereinfacht sagen, dass diese vier Wahrheiten das Rückgrat des Buddhismus bilden. Wir nennen sie „Wahrheiten", weil sie einfache Fakten sind. Sie wurden nicht erfunden, sie sind keine mystische Offenbarung des Buddha. Sie haben nicht erst Gültigkeit erlangt, als der Buddha zu lehren begann. Nach diesen Prinzipien zu leben ist kein Ritual und keine Technik. Sie eignen sich nicht als Moral oder Ethik und können auch nicht gesetzlich geschützt oder besessen werden. Es gibt im Buddhismus keine „Ungläubigen" und keine „Gotteslästerer", weil es niemanden gibt, an den man glauben soll, den man beleidigen oder anzweifeln kann. Allerdings werden jene, die sich dieser vier Tatsachen nicht bewusst sind oder die nicht an sie glauben, von Buddhisten als Unwissende bezeichnet. Solche Unwissenheit ist jedoch kein Grund für eine moralische Verurteilung. Wenn jemand nicht glaubt, dass Menschen auf dem Mond gelandet sind, oder glaubt, die Erde sei eine Scheibe, würde ein Wissenschaftler ihn nicht einen Gotteslästerer, sondern einen Unwissenden nennen. So wird jemand im Buddhismus auch nicht als „Ungläubiger" bezeichnet, wenn er nicht an die vier Siegel glaubt. Würde tatsächlich jemand *beweisen*, dass die Logik der vier Siegel falsch ist, dass das Anhaften am Ich kein wirklicher Schmerz ist oder dass einige Elemente unvergänglich sind, dann würden Buddhisten bereitwillig ihre Sicht aufgeben und stattdessen jenem Pfad folgen. Denn das, was wir suchen, ist Erleuchtung, und Erleuchtung bedeutet nichts anderes als das Erkennen der Wahrheit. Doch bislang ist in all den Jahrhunderten seit Buddhas Erleuchtung noch kein Beweis für die Ungültigkeit der vier Siegel aufgetaucht.

Wenn Sie die vier Siegel ignorieren, aus Liebe zur buddhistischen Tradition aber darauf bestehen, sich als Buddhist zu bezeichnen, dann ist das nur eine oberflächliche Frömmigkeit. Wie auch immer Sie sich selbst bezeichnen mögen – solange Sie nicht auf diese Wahrheiten vertrauen, werden Sie nach Ansicht der buddhistischen Meister weiterhin in einer illusionären Welt leben und glauben, sie sei solide und real. Auch wenn solche Frömmigkeit Ihnen vielleicht zeitweilig die Glückseligkeit der Unwissenheit schenkt, führt Unwissenheit letztlich zu irgendeiner Form von Angst. Dann verbringen Sie Ihre Zeit damit, Probleme zu lösen und Ihre Angst loszuwerden. Ihr ständiges Bedürfnis, Probleme zu lösen, wird zu einer Art Sucht. Wie viele Probleme haben Sie schon gelöst, nur um zu sehen, wie an ihrer Stelle andere entstanden? Wenn Sie in diesem Kreislauf glücklich sind, haben Sie keinen Grund zur Klage. Aber wenn Sie erkennen, dass Sie niemals ans Ende des Problemlösens gelangen werden, ist das der Beginn der Suche nach innerer Wahrheit. Der Buddhismus ist sicherlich nicht die Antwort auf alle irdischen Probleme und sozialen Ungerechtigkeiten der Welt, aber wenn Sie auf der Suche sind und einen Draht zu Siddhârtha haben, werden diese Wahrheiten Ihnen vielleicht etwas sagen. Wenn das der Fall ist, sollten Sie in Erwägung ziehen, der Lehre Buddhas ernsthaft zu folgen.

Reichtum in der Entsagung

Als ein Anhänger Siddhârthas müssen Sie nicht unbedingt all seinen Handlungen nacheifern – Sie müssen sich nicht hinausschleichen, während Ihre Frau schläft. Viele Leute meinen, Buddhismus sei mit Entsagung und dem Zurücklassen von Heim, Familie und Arbeit und einem Pfad der Askese synonym. Dieses Bild der Askese ist zum Teil darauf zurückzuführen, dass viele Buddhisten die besitzlosen Wandermönche bewundern, von denen die buddhistischen Texte und Lehren berichten – so wie die Christen Franz von Assisi bewundern. Man kann nicht umhin, von dem Bild Buddhas, wie er barfuß mit seiner Bettelschale durch Magadha wandert, oder Milarepa, der in seiner Höhle von Brennnesselsuppe lebte, beeindruckt zu sein. Die Gelassenheit eines einfachen burmesischen Mönchs, der Almosen annimmt, hat etwas Faszinierendes.

Aber es gibt auch eine völlig andere Art von Anhängern des Buddha: König Ashoka zum Beispiel, der von seinem mit Perlen und Gold geschmückten königlichen Wagen stieg und seinen Wunsch verkündete, den Buddhadharma in der Welt zu verbreiten. Er kniete nieder, nahm eine Handvoll Sand und verkündete, er würde so viele Stûpas bauen lassen, wie es Sandkörner in seiner Hand gebe. Und er hielt sein Versprechen tatsächlich. Man kann tatsächlich ein König sein oder ein Kaufmann, eine Prostituierte, ein Drogensüchtiger oder ein Generaldirektor, und kann dennoch die vier Siegel akzeptieren. Im Grunde genommen ist es nicht der Akt, die materielle Welt hinter sich zu lassen, den Buddhisten wertschätzen, sondern die Fähigkeit, die üblichen Anhaftungen an diese Welt und uns selbst zu erkennen und dem Anhaften zu entsagen.

Wenn wir anfangen, die vier Sichtweisen zu verstehen, müssen wir nicht unbedingt Dinge verwerfen; wir beginnen stattdessen, unsere Haltung ihnen gegenüber und damit ihren Wert zu verändern. Nur weil Sie weniger besitzen als jemand anders, sind Sie deshalb nicht gleich moralisch reiner oder tugendhafter. Selbst Demut kann in Wirklichkeit eine Form von Scheinheiligkeit sein.

Wenn wir die Essenzlosigkeit und Vergänglichkeit der materiellen Welt begreifen, ist Entsagung keine Form der Selbstkasteiung mehr. Entsagung bedeutet nicht, dass wir hart mit uns selbst umgehen. Das Wort „Opfer" bekommt eine andere Bedeutung. Mit diesem Verständnis ausgestattet, wird alles ebenso bedeutungslos wie der Speichel, den wir manchmal auf den Boden spucken. Angesichts dieser Spucke werden wir nicht sentimental. Diese Sentimentalität zu verlieren ist der Pfad der Glückseligkeit, *Sugata*. Wenn wir begreifen, dass Entsagung Glückseligkeit ist, wirken die Geschichten von vielen anderen indischen Prinzessinnen, Prinzen und Feldherren, die in uralten Zeiten ihrem Palastleben entsagt haben, weniger seltsam.

Diese Liebe zur Wahrheit und Verehrung der Wahrheitssucher ist in Ländern wie Indien eine alte Tradition. Statt auf Entsagende herabzublicken, verehrt die indische Gesellschaft sie auch heute noch mit ebenso viel Respekt, wie wir ihn Professoren der Harvard- oder Yale-Universität entgegenbringen. Auch wenn die Tradition in diesem Jahrhundert, in dem der Kommerz die Herrschaft übernommen hat, verblasst, findet man in Indien noch immer nackte, mit Asche bestrichene Sadhus, die ihre erfolgreiche Anwaltskanzlei aufgegeben haben, um wandernde Bettler zu werden. Ich bekomme eine Gänsehaut, wenn ich sehe, wie die indische Gesellschaft diese Menschen respektiert, anstatt sie als schändliche Bettler wegzujagen. Ich kann nicht umhin, sie mir vor dem Marriott-Hotel in Hongkong vorzustellen. Wie würde ein neureicher Chinese, der verzweifelt versucht, den westlichen Lebensstil nachzuahmen, sich beim Anblick dieser in Asche gewandeten Sadhus fühlen? Würde der Portier ihnen die Tür öffnen? Wenn wir schon dabei sind: Wie würde der Concierge im Bel-Air Hotel in Los Angeles oder im Hotel Vier Jahreszeiten in München reagieren? Anstatt die Wahrheit anzubeten und Sadhus zu verehren, ist dies ein Zeitalter, in dem Werbetafeln und Fettabsaugung verehrt werden.

Weisheit annehmen und verzerrte Moral ablegen

Wenn Sie dies lesen, mögen Sie vielleicht denken: *Ich bin großzügig und hänge nicht so sehr an meinen Sachen.* Vielleicht sind Sie wirklich nicht knauserig, doch wenn mitten in Ihren großzügigen Taten jemand mit Ihrem Lieblingskugelschreiber verschwindet, können Sie so wütend werden, dass Sie ihm ein Ohr abbeißen möchten. Oder Sie sind vollkommen niedergeschlagen, wenn jemand sagt: „Ist das etwa alles, was du zu geben hast?" Wenn wir geben, sind wir in der Vorstellung „Großzügigkeit" gefangen. Wir haften an dem Ergebnis – wenn schon keine gute Wiedergeburt, dann doch wenigstens Anerkennung in diesem Leben oder vielleicht eine Plakette an der Wand. Ich bin auch vielen Menschen begegnet, die glauben, sie seien großzügig, nur weil sie einem bestimmten Museum Geld gespendet oder gar ihren eigenen Kindern Geld gegeben haben, von denen sie nun lebenslange Loyalität erwarten.

Wird sie nicht von den vier Sichtweisen begleitet, kann Moral leicht verzerrt werden. Moral nährt das Ego; sie führt dazu, dass wir puritanisch werden und jene verurteilen, die eine andere Moral haben als wir. Auf unsere Version von Moral fixiert, blicken wir auf andere Menschen herab und versuchen, ihnen unsere Ethik aufzuzwingen, selbst wenn das bedeutet, ihnen ihre Freiheit zu nehmen. Der große indische Gelehrte und Heilige Shântideva, der eigentlich ein Prinz war und auf sein Königreich verzichtete, lehrte, dass es unmöglich sei, allem und jedem Schlechten aus dem Weg zu gehen; wenn wir aber auch nur eine der vier Sichtweisen anwenden könnten, seien wir vor aller Untugend geschützt. Wer glaubt, die gesamte westliche Welt sei teuflisch oder unmoralisch, dem wird es unmöglich sein, sie zu erobern und zu rehabilitieren. Besitzen Sie jedoch Toleranz, dann ist das so, als hätten Sie sie bereits erobert. Sie können nicht die ganze Erde plattwalzen, damit man gefahrlos barfuß darauf gehen kann, doch Sie können sich vor rauen, verletzenden Oberflächen schützen, indem Sie Schuhe tragen.

Wenn wir die vier Sichtweisen nicht nur intellektuell verstehen, sondern durch eigene Erfahrung begreifen, beginnen wir uns von der Fixierung auf Dinge, die illusorisch sind, zu befreien. Diese Freiheit ist das, was wir Weisheit nennen. Buddhisten verehren Weisheit mehr als alles andere. Weisheit übertrifft Moral, Liebe, gesunden Menschenverstand, Toleranz und Vegetarismus. Sie ist kein göttlicher Geist, den wir irgendwo außerhalb von uns suchen. Wir laden diese Weisheit zu uns ein, wenn wir den Lehren über die vier Siegel zuhören. Das bedeutet nicht, dass wir sie unbesehen glauben, sondern eher, dass wir sie analysieren und kontemplieren. Wenn Sie dann durch Erfahrung davon überzeugt sind, dass dieser Weg einige Ihrer Verwirrungen auflösen und Ihnen Erleichterung verschaffen kann, dann sind Sie in der Lage, Weisheit in die Tat umzusetzen.

Eine der ältesten buddhistischen Lehrmethoden besteht darin, dass der Meister dem Schüler einen menschlichen Knochen gibt und ihn anweist, dessen Ursprung zu kontemplieren. Durch diese Kontemplation erkennt der Schüler den Knochen schließlich als Folge von Geburt, Geburt als Folge von karmischer Struktur und karmische Struktur als Folge von Begierde – und so weiter. Durch und durch von der Logik von Ursache, Bedingung und Wirkung überzeugt, beginnt der Schüler oder die Schülerin dann, dieses Bewusstsein in jeder Situation und in jedem Augenblick anzuwenden. Das nennen wir Meditation. Menschen, die uns diese Art von Wissen und Verständnis beibringen können, werden als Meister verehrt, denn obwohl sie tiefe Verwirklichung erlangt haben und glücklich zurückgezogen im Wald leben könnten, sind sie bereit, bei uns zu bleiben und jenen, die noch immer im Dunkeln tappen, die Sicht zu erläutern. Weil diese Information uns von allen möglichen unnötigen Zipperlein befreit, sind wir dem Erklärenden automatisch dankbar dafür. Daher huldigen wir Buddhisten dem Lehrer.

Haben Sie die Sicht erst einmal intellektuell angenommen, dann können Sie alle möglichen Methoden anwenden, die Ihr Verständnis und Ihre Einsicht vertiefen. Anders gesagt können

Sie alle Techniken oder Praktiken benutzen, die Ihnen helfen, Ihre Gewohnheit, die Dinge für solide zu halten, in die Gewohnheit umzuwandeln, sie als zusammengesetzt, voneinander abhängig und vergänglich zu erkennen. Dies ist wahre buddhistische Meditation und Praxis, und nicht einfach nur stilles Dasitzen, als wären Sie ein Briefbeschwerer.

Auch wenn wir intellektuell wissen, dass wir sterben werden, kann dieses Wissen durch eine solche Kleinigkeit wie ein beiläufiges Kompliment in den Hintergrund gedrängt werden. Jemand macht eine Bemerkung, wie graziös Ihre Fingerknöchel aussehen, und ehe Sie sich versehen, sind Sie schon dabei, nach Möglichkeiten zu suchen, diese Knöchel möglichst lange so zu erhalten. Plötzlich haben wir das Gefühl, wir hätten etwas zu verlieren. In der heutigen Zeit werden wir ständig mit Botschaften über viele neue Dinge, die man verlieren kann, und so vielen Sachen, die es zu gewinnen gäbe, bombardiert. Mehr denn je brauchen wir Methoden, die uns an die Sicht erinnern und uns helfen, uns an sie zu gewöhnen – vielleicht indem wir uns einen menschlichen Knochen an den Rückspiegel hängen, falls wir uns nicht den Schädel rasieren und uns in eine Höhle zurückziehen.

In Verbindung mit diesen Methoden können auch Moral und Ethik nützlich sein. Auch wenn Ethik und Moral im Buddhismus zweitrangig sind, sind sie doch wichtig, wenn sie uns der Wahrheit näher bringen. Aber selbst wenn manche Handlung gesund und positiv aussehen mag – wenn sie uns von den vier Wahrheiten entfernt, dann sollten wir sie, wie schon Siddhârtha uns warnte, lieber unterlassen.

Tee und Teeschale: Kultur als Behälter der Weisheit

Die vier Siegel sind wie Tee, während alle anderen Mittel zur Verwirklichung dieser Wahrheiten – Praktiken, Rituale, Traditionen und kulturelles Drumherum – wie die Teeschale sind. Die Fähigkeiten und Methoden lassen sich beobachten und anfassen, nicht aber die Wahrheit. Die Herausforderung besteht darin, sich nicht total von der Teeschale einnehmen zu lassen. Im Allgemeinen sitzen die Menschen lieber an einem ruhigen Ort aufrecht auf einem Meditationskissen, als zu kontemplieren, was wohl als Nächstes kommt: der morgige Tag oder das nächste Leben. Äußerliche Praktiken sind sichtbar, und so ist der Geist geschwind dabei, sie als Buddhismus zu bezeichnen, wohingegen das Konzept „alle zusammengesetzten Dinge sind vergänglich" nicht greifbar und schwer zu benennen ist. Ironischerweise sind wir ständig von Beweisen für die Vergänglichkeit umgeben, doch sie sind uns nicht augenfällig.

Die Essenz des Buddhismus liegt jenseits von Kultur, doch er wird in vielen verschiedenen Kulturen praktiziert, die ihre Traditionen als eine Schale benutzen, die die Lehren enthält. Wenn dieses kulturelle Drumherum anderen Wesen hilft, ohne ihnen zu schaden, und wenn es nicht den vier Wahrheiten widerspricht, dann würde Siddhârtha solche Praktiken befürworten.

Im Laufe der Jahrhunderte sind viele unterschiedliche Arten und Stile von Teeschalen produziert worden, aber so gut die Absicht, die dahinter steht, auch sein mag – sie werden zu einem Hindernis, wenn wir den Tee darin vergessen. Obwohl ihr Zweck darin besteht, die Wahrheit zu enthalten, neigen wir dazu, uns eher auf die Mittel zu konzentrieren als auf das Ergebnis. Und so laufen die Leute mit leeren Tassen umher oder vergessen, ihren Tee zu trinken. Wir Menschen können uns von den Zeremonien und Farben buddhistischer kultureller Praktiken verzaubern oder doch zumindest ablenken lassen. Räucherwerk und Kerzen sind exotisch und anziehend, Vergänglichkeit und Ichlosigkeit sind es nicht. Nach Siddhârtha ist die beste Art zu beten, wenn man sich einfach an das Prinzip der Vergänglichkeit erinnert und daran, dass Gefühle Leiden sind, dass Phänomene keine eigenständige Existenz besitzen und dass Nirvâna jenseits von Konzepten ist.

Auf einer oberflächlichen Ebene kann der Buddhismus rituell und religiös wirken. Buddhistische Praktiken wie das Tragen von rotbraunen Roben, Rituale und rituelle Objekte, Räucherwerk und Blumen, ja sogar Klöster haben eine Form – sie können beobachtet und fotografiert werden. Wir vergessen, dass sie ein Mittel zum Zweck sind. Wir vergessen, dass man nicht zu einem Anhänger Buddhas wird, indem man Rituale vollführt oder ein bestimmtes Verhalten annimmt, wie etwa vegetarisch zu essen und Roben zu tragen. Doch der menschliche Geist liebt Symbole und Rituale so sehr, dass sie beinahe unvermeidlich und unerlässlich sind. Tibetische Sand-Mandalas und japanische Zen-Gärten sind wunderschön; sie können uns inspirieren und sogar ein Mittel zum Verstehen der Wahrheit sein. Die Wahrheit aber ist weder schön noch unschön.

Wir kommen sicherlich auch ohne rote Hüte, gelbe Hüte und schwarze Hüte aus, jedoch gibt es einige Rituale und Verhaltensweisen, die für jedermann auf der Welt empfehlenswert sind. Wir können nicht mit Bestimmtheit sagen, es sei falsch zu meditieren, während man in einer Hängematte liegt und einen Drink in der Hand hält, der mit einem kleinen Schirm verziert ist, solange man dabei wirklich die Wahrheit kontempliert. Aber Gegenmittel wie etwa aufrechtes Sitzen sind tatsächlich von großem Nutzen. Eine korrekte Haltung ist nicht nur erreichbar und ökonomisch, sie hat die Macht, Ihre Gefühle ihres üblichen schnellen Reflexes zu berauben, der Sie fesselt und Sie abdriften lässt. Das schenkt Ihnen ein wenig Raum, um nüchtern zu werden. Andere institutionalisierte Rituale wie Gruppenzeremonien und religiöse hierarchische Strukturen mögen einige Vorteile haben, aber es ist wichtig, sich bewusst zu sein, dass sie für Meister in der Vergangenheit häufig Zielscheiben des Spottes waren. Ich persönlich glaube, dass diese Rituale der Grund sind, warum so viele Menschen im Westen den Buddhismus für einen Kult halten, obwohl es nun wirklich nicht die leiseste Spur von Kulthaftigkeit in den vier Wahrheiten gibt.

Heute, da der Buddhismus im Westen floriert, habe ich gehört, dass Leute die buddhistischen Lehren verändern, um sie der Denkweise der Moderne anzupassen. Wenn es etwas gäbe, das angepasst werden müsste, wären es wohl die Rituale und Symbole, aber sicher nicht die Wahrheit selbst. Der Buddha selbst hat gesagt, dass seine Disziplin und seine Methoden jeweils der Zeit und dem Ort entsprechend angepasst werden sollten. Aber die vier Wahrheiten müssen nicht aktualisiert oder modifiziert werden – außerdem kann man das ohnehin nicht tun. Sie können die Schale verändern, aber der Tee bleibt rein. Nachdem der Buddhismus 2.500 Jahre überlebt hat und 12.430 Kilometer vom Bodhi-Baum in Zentralindien zum Times Square in New York gereist ist, gilt die Aussage „alle zusammengesetzten Dinge sind vergänglich" noch immer. Vergänglichkeit ist auch am Times Square immer noch Vergänglichkeit. Wir können diese vier Regeln nicht verbiegen – es gibt da keine sozialen oder kulturellen Ausnahmen.

Anders als andere Religionen ist der Buddhismus kein Notkoffer für das Leben, dessen Inhalt uns vorschreibt, wie viele Ehemänner eine Frau haben oder wohin man seine Steuern zahlen oder wie man Diebe bestrafen sollte. Genau genommen gibt es im Buddhismus nicht einmal ein Ritual für eine Hochzeitszeremonie. Der Sinn von Siddhârthas Lehren bestand nicht darin, den Leuten zu erzählen, was sie hören wollten. Er lehrte aus dem starken Impuls heraus, andere von ihren falschen Vorstellungen und endlosen Missverständnissen der Wahrheit befreien zu wollen. Um jedoch diese Wahrheiten effektiv erklären zu können, bediente er sich beim Lehren verschiedener Methoden und Hilfsmittel, je nach den Bedürfnissen seiner verschiedenen Zuhörer. Diese verschiedenen Lehrmethoden werden heute als verschiedene „Schulen" des Buddhismus bezeichnet. Die grundlegende Sicht ist aber für alle Schulen dieselbe.

Es ist für eine Religion normal, eine Leitfigur zu haben. Manche, wie etwa die römisch-katholische Kirche, besitzen eine vielschichtige Hierarchie, die von einer allmächtigen Gestalt angeführt wird, die Entscheidungen trifft und Urteile fällt. Im Gegensatz zu einem weitverbreiteten Missverständnis besitzt der Buddhismus keine solche Gestalt oder Institution. Der Dalai Lama ist ein weltlicher Führer für die tibetische Gemeinschaft im Exil und für viele Menschen in der ganzen Welt ein spiritueller Meister, aber nicht unbedingt für alle Buddhisten. Es gibt keine Autorität oder Macht, die für alle in Tibet, Japan, Laos, China, Korea, Kambodscha, Thailand, Vietnam und im Westen existierenden Formen und Schulen des Buddhismus bestimmt, wer ein wahrer Buddhist ist und wer nicht. Niemand kann verkünden, wer zu bestrafen sei und wer nicht. Dieser Mangel an zentraler Macht kann Chaos hervorrufen, aber er ist auch ein Segen, weil jede Quelle der Macht in jeder menschlichen Institution korrumpierbar ist.

Der Buddha selbst sagte: „Du bist dein eigener Meister." Natürlich können Sie von Glück sagen, wenn ein erfahrener Meister die Mühe auf sich nimmt, Ihnen die Wahrheit zu präsentieren. In manchen Fällen sollten diese Meister sogar noch mehr verehrt werden als der Buddha selbst, denn obwohl Tausende von Buddhas in diese Welt gekommen sein mögen – *für Sie* ist diese Person diejenige, die Ihnen die Wahrheit an die Haustür gebracht hat. Einen spirituellen Führer zu finden liegt gänzlich in Ihren Händen. Sie haben die Freiheit, ihn oder sie zu prüfen. Wenn Sie von der Authentizität des Meisters überzeugt sind, dann gehört es zu Ihrer Praxis, ihn zu akzeptieren, ihn zu ertragen und ihn zu genießen.

Respekt wird oft mit religiösem Eifer verwechselt. Aufgrund der unvermeidlichen äußerlichen Erscheinungen und auch durch die Ungeschicklichkeit einiger Buddhisten denken Außenstehende oft, wir würden den Buddha und die Meister der Übertragungslinie anbeten, als wären sie Götter.

Falls Sie sich fragen, wie Sie entscheiden können, welcher Pfad der richtige für Sie sei, erinnern Sie sich nur daran, dass jeder Weg, der den vier Wahrheiten nicht widerspricht, ein sicherer Weg sein sollte. Letztlich sind es nicht die hochgestellten Meister, die über den Buddhismus wachen, sondern die vier Wahrheiten sind die Wachen.

Ich kann nicht genug betonen, dass das Begreifen der Wahrheit der wichtigste Aspekt des Buddhismus ist. Schon seit Jahrhunderten haben Gelehrte und Denker Siddhârthas Einladung, seine Entdeckungen zu analysieren, angenommen und die Analyse in jeder Hinsicht ausgekostet. Hunderte von Büchern, die seine Worte hinterfragen und diskutieren, belegen dies. Wenn Sie sich für den Buddhismus interessieren, werden Sie keineswegs als Gotteslästerer bezichtigt, wenn sie jedem Zweifel nachgehen und ihn ausloten – Sie werden sogar noch dazu ermutigt. Unzählige sehr intelligente Menschen sind auf diesem Wege dazu gekommen, Siddhârthas Weisheit und Vision erst einmal Respekt zu zollen. Erst dann haben sie dem Buddhismus auch ihr Vertrauen und ihre Hingabe geschenkt. Aus diesem Grund zögerten auch Prinzen und Minister in alten Zeiten nicht einen Moment lang, ihre Paläste aufzugeben, um sich der Suche nach der Wahrheit zu widmen.

Harmonie praktizieren

Von den tiefen Wahrheiten einmal ganz abgesehen, werden heutzutage selbst die praktischsten und offensichtlichsten Wahrheiten ignoriert. Wir sind wie Affen, die im Wald wohnen und auf genau die Äste scheißen, an denen sie hängen. Jeden Tag hören wir, wie die Leute über den Zustand der Wirtschaft reden, ohne die Verbindung von Rezession und Gier zu erkennen. Aufgrund von Gier, Eifersucht und Stolz wird die Wirtschaft niemals stark genug werden, um sicherzustellen, dass jeder Mensch Zugang zu den Grundbedürfnissen des Lebens hat. Unser Wohnort, die Erde, wird mehr und mehr verschmutzt. Ich bin Menschen begegnet, die alte Herrscher und Kaiser sowie alte Religionen als Ursprung aller Konflikte verdammen. Aber die moderne Welt hat es keinen Deut besser, eher noch schlimmer gemacht. Was gäbe es denn, das die moderne Welt besser gemacht hätte? Einer der Haupteffekte von Wissenschaft und Technologie ist doch, dass die Erde immer schneller zerstört wird. Manche Wissenschaftler glauben, dass alle Lebenssysteme und alle Systeme des Erhalts von Leben auf der Erde im Niedergang begriffen sind.

Für moderne Menschen wie uns ist es an der Zeit, einige Gedanken an spirituelle Dinge zu verwenden – selbst wenn wir keine Zeit haben, auf einem Kissen zu sitzen, selbst wenn wir eine Abneigung gegen Leute haben, die Rosenkränze um den Hals tragen, selbst wenn es uns peinlich ist, unsere religiösen Neigungen vor unseren weltlichen Freunden zur Schau zu tragen. Die vergängliche Natur von allem, was wir erfahren, und die schmerzliche Wirkung des Haftens am Ich zu kontemplieren, schafft Frieden und Harmonie – wenn schon nicht für die ganze Welt, so doch zumindest in Ihrer eigenen Sphäre.

Solange Sie die vier Wahrheiten annehmen und praktizieren, sind Sie ein „praktizierender Buddhist". Sie mögen vielleicht um der Unterhaltung willen oder als mentale Übung über diese vier Wahrheiten lesen, wenn Sie sie aber nicht praktizieren, sind Sie wie ein Kranker, der das Etikett auf der Medikamentenflasche liest, aber niemals die Medizin einnimmt. Wenn Sie andererseits praktizieren, gibt es keine Notwendigkeit, zur Schau zu stellen, dass Sie Buddhist sind. Wenn es Ihnen hilft, zu bestimmten sozialen Funktionen zugelassen zu werden, ist es sogar vollkommen in Ordnung zu verbergen, dass Sie Buddhist sind. Vergessen Sie aber nicht, dass Sie als Buddhist die Aufgabe haben, anderen so wenig wie möglich zu schaden und ihnen so viel wie möglich zu helfen. Dies ist keine riesige Belastung, denn wenn Sie die Wahrheiten wirklich annehmen und kontemplieren, werden Ihnen solche Handlungen auf natürliche Weise gelingen.

Außerdem ist es wichtig zu begreifen, dass Sie als Buddhist nicht die Mission oder die Pflicht haben, den Rest der Welt zum Buddhismus zu bekehren. Buddhisten und Buddhismus sind zwei völlig unterschiedliche Sachen, wie Demokraten und Demokratie. Ich bin sicher, dass viele Buddhisten sich selbst und anderen gegenüber schreckliche Dinge getan haben und noch tun. Aber es macht Mut, dass Buddhisten bis heute keinen Krieg begonnen oder Tempel anderer Religionen im Namen Buddhas zum Zwecke religiöser Missionierung geplündert haben.

Als Buddhist sollten Sie sich an folgende Grundsätze halten: Ein Buddhist sollte sich niemals auf Blutvergießen im Namen des Buddhismus einlassen oder dazu anstiften. Sie sollten nicht einmal ein Insekt töten, geschweige denn einen Menschen. Und wenn Sie erfahren sollten, dass ein einzelner Buddhist oder eine Gruppe von Buddhisten so etwas tut, dann sollten Sie als Buddhist dagegen protestieren und dieses Verhalten verdammen. Wenn Sie stillschweigen, dann versäumen Sie es nicht nur, diese Menschen von ihrem Tun abzuhalten, sondern Sie sind im Grunde genommen einer von ihnen. Sie sind kein Buddhist.

Postskriptum
zur Übersetzung der Begriffe

Ich habe versucht, die vier Sichtweisen oder Siegel, das Herzstück der buddhistischen Philosophie, in einer alltäglichen Weise darzustellen und sie so für Menschen aus allen Lebensbereichen zugänglich zu machen. Hierbei hatte ich keine leichten Entscheidungen hinsichtlich der Auswahl der Terminologie zu treffen. Ich glaube, es ist wichtig, sich dessen bewusst zu sein, dass es über die Übersetzung von Dharma-Begriffen aus dem Sanskrit und Tibetischen in westliche Sprachen keinen endgültigen Konsens gibt. Selbst innerhalb der verschiedenen buddhistischen Schulen und sogar in einer einzelnen tibetisch-buddhistischen Schule gibt es Variationen in Bedeutung und Schreibweise. Ein gutes Beispiel wäre *zag bcas* („sagtsche" ausgesprochen), was wir hier als „Gefühl" oder „Emotion", wie in „alle Gefühle sind Schmerz", übersetzt haben. Diese Entscheidung hat für Stirnrunzeln bei Menschen gesorgt, die meinen, sie sei „zu verallgemeinernd". Viele Menschen glauben, nicht *alle* Gefühle seien Schmerz. Doch sie ruft auch bei jenen Stirnrunzeln hervor, die meinen, das sei nicht tief greifend genug, weil eine genauere Übersetzung von *zag bcas* ziemlich kompliziert sei.

Wie Chökyi Nyima Rinpoche in seinem Buch *Indisputable Truth* erläutert, „bedeutet *zag bcas* wörtlich ‚etwas, das mit Fallen oder Sich-Verlagern zu tun hat'". Er fährt weiter fort:

> Einmal hatte ich die Gelegenheit, Kunu Rinpoche, Tendzin Gyaltscn, nach der Bedeutung von diesem und anderen buddhistischen Begriffen zu fragen. Er erklärte zuerst die

Bedeutung von „Person" oder *gangzag*, was eine der Silben aus dem Wort „befleckt" enthält. *Gang* bedeutet „jedes" oder „was auch immer" im Sinne von „jede mögliche Welt" oder „Ort der Wiedergeburt" innerhalb der sechs Klassen von Wesen, während *zagpa* bedeutet, an einen solchen Ort zu fallen oder sich dorthin zu verlagern. Das Wort für „Person" bedeutet eigentlich „der Wiedergeburt unterworfen". Er erwähnte außerdem, dass seine Herleitung des Wortes traditionell kontrovers diskutiert werde, da ein Arhat ebenfalls *gangzag*, Person, genannt wird.

Walpola Rahula, der Verfasser des Buchs *Was der Buddha lehrt*, übersetzte das erste Siegel als „Alle bedingten Dinge sind *Dukkha* (Leiden)". Andere haben gesagt: „Alle befleckten und verfälschten Phänomene besitzen die Natur der drei Leiden." Das Wörterbuch von Rangjung Yeshe (*Rangjung Yeshe Tibetan-English Dictionary*) gibt eine ähnliche Übersetzung: „Alles, was verfällt, ist Leiden."

Man kann immer noch einwenden, dass diese Übersetzungen entweder zu allgemein oder nicht allgemein genug seien. Um viele dieser Begriffe verstehen zu können, brauchen ernsthafte Schüler weitere Studien und Erläuterungen. Im Grunde besitzt alles, was von anderen Dingen abhängig ist, keine Eigenständigkeit. Es kann sich nicht vollkommen selbst kontrollieren, und diese Abhängigkeit schafft Unsicherheit, was einer der wichtigsten Aspekte der buddhistischen Definition von Leiden ist. Deshalb erfordert der Gebrauch des Wortes „Leiden" eigentlich eine Menge Erklärungen.

Dennoch habe ich beschlossen die Übersetzung „Alle Gefühle sind Schmerz oder Leiden" zu verwenden, damit die Leser die Gründe für ihr Leiden nicht außerhalb ihrer selbst suchen. Das macht die Sache persönlicher – die Quelle sind unser Geist und unsere Gefühle.

Eine andere Sache, auf die der Leser achten sollte, ist, dass die vier Siegel, wie sie in diesem Buch präsentiert werden, stark am Mahâyâna orientiert sind. In Shrâvakayâna-Traditionen wie dem

Theravâda gibt es diese vier Siegel so nicht; dort spricht man nur von dreien. Jene drei sind in den vier hier erläuterten enthalten. Da dieses Buch als eine allgemeine Darstellung angelegt ist, habe ich beschlossen, lieber mehr als weniger zu vermitteln, lieber alles anstatt ein wenig. Dann besteht später keine Notwendigkeit, noch etwas hinzuzufügen.

Anmerkungen zur Übersetzung

[1] Der Autor bezieht sich hier auf das berühmte Hörspiel „Krieg der Welten" von Orson Welles, das Ende der 1940er-Jahre bei seiner ersten Ausstrahlung in den USA eine riesige Panik heraufbeschwor, weil die Zuhörer das wie eine Reportage über die Landung von Marsmenschen auf der Erde gestaltete Hörspiel für eine Nachrichtensendung hielten. Das Hörspiel endete mit der Ansage: „Ich schrieb das Manuskript, ich führte Regie und ich war der Sprecher. Mein Name ist Orson Welles." (Anm. d. Übers.)

[2] Shakespeare, *Romeo und Julia*, 2. Akt, 2. Szene, Zeile 185. Übersetzt und hrsg. von Herbert Geisen. Stuttgart (Reclam) 1994, S. 72.

[3] War das erste synthetische Lokalanästhetikum. (Anm. d. Übers.)

[4] Bhumiputras sind – vornehmlich muslimische – geborene Malaien, die sich in der malaiischen Gesellschaft auch ökonomischer Privilegien erfreuen. Viele Volksgruppen werden jedoch nicht als Bhumiputras anerkannt. (Anm. d. Übers.)

[5] „Nicht-Verletzen" oder Gewaltlosigkeit. (Anm. d. Übers.)

Danksagung

Da wir schon von zusammengesetzten Phänomenen sprechen, möchte ich betonen, dass man nach guten Beispielen nicht woanders suchen muss. Dieses Buch ist das perfekte Beispiel für zusammengesetzte Phänomene. Auch wenn manche der Beispiele modern sein mögen, sind doch die grundlegende Logik und die Prämissen der Argumente und Analogien etwas, das schon früher gelehrt wurde. Ich kam zu dem Schluss, dass ich mich nicht schämen müsse, die ursprünglichen Ideen und Lehren des Buddha und vieler seiner früheren Nachfolger, besonders von solchen Meistern wie dem großen Guru Rinpoche, Padmasambhava, Longchenpa, Milarepa, Gampopa, Sakya Pandita, Rigzin Jigme Lingpa und Patrul Rinpoche zu kopieren. Wer in diesem Buch ein wenig Inspiration gefunden hat, sollte sich daher bemühen, einige Werke dieser Meister kennenzulernen. Für den Fall, dass dieses Buch grobe Fehler oder Irrtümer enthält – sei es, was ein Wort oder was den Sinn angeht –, sind diese ausschließlich mir zuzuschreiben, und obgleich Kommentare sehr willkommen sind, sollten Sie damit nicht Ihre kostbare Zeit verschwenden.

Den Umstand, dass das Buch zumindest lesbar ist, verdanken wir den Anstrengungen von Noa Jones, nicht nur weil sie es redigiert hat, sondern auch, weil sie sich als jemand, der sich mit buddhistischer Philosophie nicht auskennt, freiwillig als Versuchskaninchen zur Verfügung gestellt hat. Daher gilt ihr meine große Wertschätzung und Dankbarkeit. Außerdem muss ich Jessie Wood für ihre Adleraugen in Hinsicht auf die Zeichensetzung danken. Und ich muss all meinen Freunden – Teenagern, Gelehrten, Bierbäuchen und Denkern – für das Beisteuern von herausfordernden Argumenten danken, die geholfen haben, diesem Buch Gestalt zu verleihen. Dieses Buch wurde in einem sehr schrägen Café in Ubud auf Bali – einst ein prächtiges hinduistisches Königreich – konzipiert. Es nahm inmitten von Nebeln und Zedernwäldern am Ufer des Daisy Lake in British Columbia Form an und wurde im Himalaya vollendet. Möge es neugierig machen.

KHYENTSE
FOUNDATION

Dzongsar Khyentse spendet die Einnahmen aus diesem Buch der Khyentse Foundation, einer gemeinnützigen Organisation, die 2001 gegründet worden ist, um Institutionen und Einzelpersonen zu unterstützen, die sich der Praxis und dem Studium von Buddhas Vision von Weisheit und Mitgefühl verpflichtet haben. Zu den Projekten der Stiftung gehören ein Stipendienfond, Zuwendungen für klösterliche Ausbildung, ein Fonds für Publikationen, Zuwendungen zur Förderung buddhistischer Studien an bedeutenden Universitäten und buddhistische Schulen für Kinder, doch ihre Mission beschränkt sich nicht darauf …

Weitere Informationen finden Sie unter
www.khyentsefoundation.org

Der Autor

Selbstbildnis

Dzongsar Jamyang Khyentse wurde 1961 in Bhutan geboren. Er ist ein Schüler von Khenpo Appey Rinpoche. Als Oberhaupt des angesehenen Dzongsar-Klosters und der Dzongsar-Mönchsschule ist er verantwortlich für das Wohl und die Erziehung von etwa 1600 Mönchen, die in sechs verschiedenen Klöstern und Instituten in Asien leben.

Er leitet auch die Organisation *Siddhartha's Intent,* zu der sechs Lehr- und Praxiszentren rund um die Welt gehören, sowie zwei gemeinnützige Organisationen, die *Khyentse Foundation* und *Lotus Outreach.* Er schrieb das Drehbuch und führte die Regie zu zwei Spielfilmen: *Spiel der Götter* und *Travellers and Magicians.*

Weitere Informationen finden Sie auch unter
www.siddharthasintent.de